PYÖRÄMATKAILIJAN SAKSA

Aue-säätiön julkaisuja

Skrifter utgivna av Aue-Stiftelsen | Veröffentlichungen der Aue-Stiftung

31

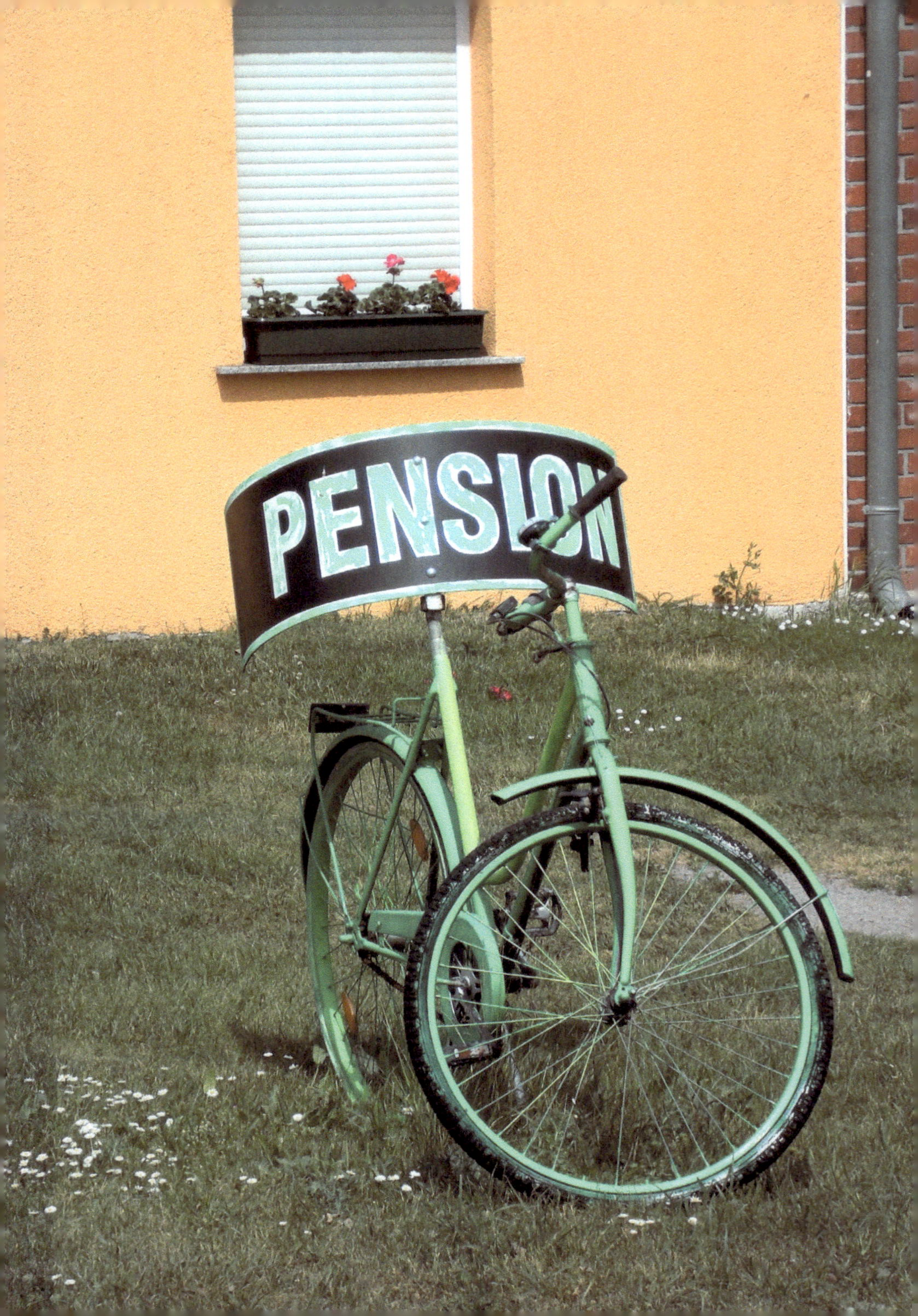
PENSION

PYÖRÄMATKAILIJAN SAKSA

LAURI HOKKINEN

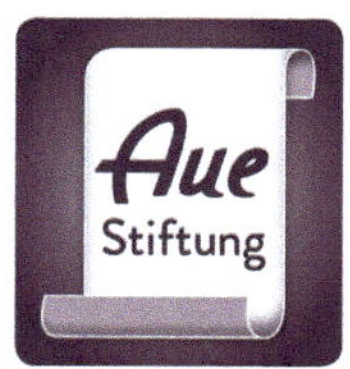

Aue-säätiön julkaisuja

31

www.aue-stiftung.org

Aue-säätiön julkaisuja | Skrifter utgivna av Aue-Stiftelsen | Veröffentlichungen der Aue-Stiftung 31

ISBN: 978-952-68042-5-5 (nid.)
978-952-68042-6-2 (PDF)
Ulkoasu: Omituinen Design/Miia Huttu
Kartat: Romantische Straße Touristik-Arbeitsgemeinschaft GbR (sivun 75 kartta)
Allgemeiner Deutscher Fahrrad-Club e.V. (ADFC)/ Deutschland per Rad entdecken (muut kartat)
Kuvat: Elberadweg Nord/photocompany (kansikuva)
Romantische Straße Touristik-Arbeitsgemeinschaft GbR (sivun 79 kuva)
Lauri Hokkinen (muut kuvat)
Painatus: BoD – Books on Demand, Norderstedt, Saksa

Palautetta tekijälle voi lähettää sähköpostilla osoitteeseen: lauri.hokkinen@gmail.com

Sisällys

sivu

MIKSI PYÖRÄMATKALLE, MIKSI SAKSAAN?

Suomen maisemien ja kansanperinteen tallentaja, valokuvaaja ja toimittaja Into Konrad Inha (1865–1930) oli monissa pyrkimyksissään aikaansa edellä. Jo koulupoikana I.K. Inha seurasi maailmanmenoa sanomalehdistä, ja sai siten tietoja uudesta keksinnöstä, "polkurattaasta" eli nykyaikaisen polkupyörän edeltäjästä. Valmistuttuaan ylioppilaaksi Inha alkoi haaveilla omatoimisesta matkustamisesta ja tilasi tällaisen kulkuneuvon. Isolla etupyörällä varustettu laite oli kuitenkin hankala poljettava. Siksi Inha hankki pian Englannista uudentyyppisen matalarunkoisen pyörän ja alkoi välittää niitä muillekin pyöräilyn harrastajille. Inha halusi edistää polkupyöräilyä, hän halusi suoda ihmisille mahdollisuuden *liikkua vapaasti, oman aikataulunsa mukaan.*

Polkupyörien maahantuojana Inha toimi vain lyhyesti 1880-luvun lopulla, mutta Suomen maisemien mainio tallentaja hänestä tuli ennen kaikkea hänen polkupyöräretkiensä, pitkien valokuvausmatkojen ansiosta. Inha oli myös taitava sanaseppo, ja mahdollisesti juuri hän vakiinnutti polkupyörä-sanan suomen kieleen.

Inha ei tyytynyt pyöräilemään ainoastaan kotimaan kamaralla: 1886 hän teki pyöräretken Saksaan ja poikkesi samalla Sveitsissä ja nykyisen Tshekin alueella asti. I.K. Inhan syntymästä on kulunut jo puolitoista vuosisataa. Polkupyörämatkalla voimme silti yhä kokea samaa löytöretkeilijän riemua, josta Inha kertoo kuvauksissaan. Kun jaksotamme omien pyörämatkojemme päivätaipaleet kuntomme mukaan, voimme samalla myös vaalia ja edistää omaa terveyttämme.

Yhä useammat suomalaiset haluavat nähdä ja kokea lomallaan enemmän kuin on tarjolla tavanomaisilla valmismatkoilla. Omatoimisesti, usein tietokoneen äärellä, suunniteltujen matkojen osuus kasvaa siksikin, koska lomalla halutaan olla aktiivisia: lepäilyn ja auringonoton sijaan etsitään henkistä ja fyysistä kuntoa kohentavaa tekemistä.

Vaikka pyöräily on lähes kaikenikäisille sopiva liikuntamuoto, polkupyörää pidetään usein vain kulkuvälineenä, jolla ajetaan työhön, kauppaan tai kouluun. Monet nyt eläkeikää lähestyvistä tai sen jo saavuttaneista pyöräilivät aktiivisesti vain niin kauan, kunnes saavuttivat mopon ajamiseen vaaditun iän tai lopettivat pyöräilyn saatuaan moottoripyörän tai auton ajokortin.

Suomessa innostuttiin 2000-luvun alkuvuosina pyöräretkeilyreiteistä, ja viitoitettujen pyöräreittien kokonaispituus onkin maassamme jopa 8.000 kilometriä. Nämä pyöräilyreitit polveilevat läpi kauneimman Suomen, mutta pyörämatkailu on meillä silti vain harvojen, useimmiten kuntoilusta kiinnostuneiden harrastus. Pyörämatkailun kehittymistä hidastavat meillä monet seikat: ilmasto, pyörämatkailijoille sopivien

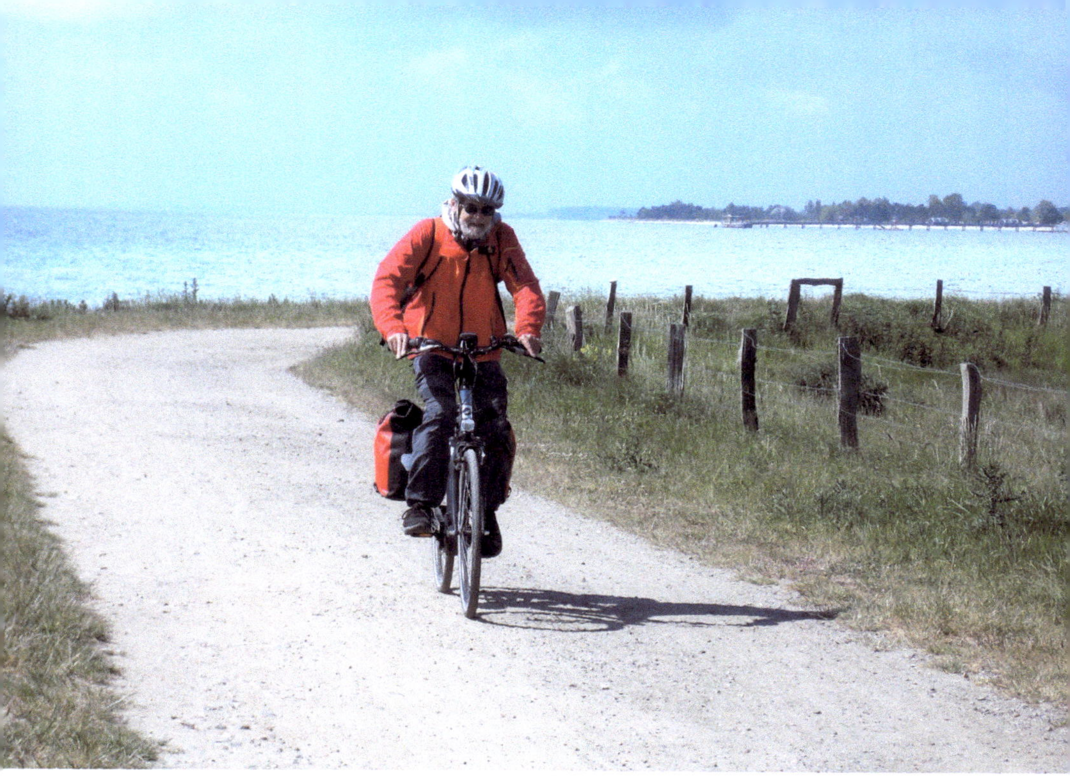

Matkailu avartaa – ja pyörämatka kohentaa samalla myös kuntoa.

sisämajoitusliikkeiden vähäinen lukumäärä, ja se tosiasia, että erillisten pyöräteiden osuus on vain noin 15 prosenttia valtakunnallisten reittiemme kokonaispituudesta. Pyörämatkailija joutuu siksi ajamaan Suomessa enimmäkseen yleisillä teillä, muun liikenteen seassa. Myöskään naapurimaissamme pyöräteitä ei ole, harvoja poikkeuksia lukuun ottamatta, rakennettu taajamien ulkopuolelle eli ensisijaisesti matkailun tarpeita varten. Pyörämatkailusta kiinnostuneet etsivät siksi matkakohteita kauempaa.

Tanskaa ja Hollantia pidetään Euroopan johtavina pyöräilymaina. Sitä ne ovatkin, jos arviointiperusteena on polkupyörällä tehtävien matkojen suhteellinen osuus kaikista matkoista. Pienien korkeuserojen ja lyhyiden etäisyyksien ansiosta niin Tanskassa kuin Hollannissakin on pyöräilylle erinomaiset lähtökohdat.

Euroopan johtava pyörämatkailumaa on kuitenkin Saksa. Jopa noin 6,6 prosenttia eli noin 4,5 miljoonaa kaikista yli 18-vuotiaista saksalaisista teki vuonna 2015 vähintään yhden pyörämatkan, johon sisältyi ainakin kolme yöpymistä.

Runsas neljännesvuosisata sitten yhdistynyt Saksa on pinta-alaltaan vain vähän Suomea suurempi, mutta sen aluetta halkoo yli 230 tarkoin määriteltyjen laatukriteerien perusteella hyväksyttyä pitkän matkan pyöräilyreittiä. Kaikilla tähän ryhmään hyväksytyillä reiteillä on myös taustaorganisaationsa, joiden ansiosta niistä on saatavilla hyvät perustiedot nettisivuilla ja usein myös painettuina esitteinä. Lisäksi Saksan kirjakaupoista tai netin kautta tilaamalla voi hankkia lähes kaikista reiteistä karttoja ja opaskirjoja. Pääosa pyörämatkailuun liittyvästä informaatiosta on saksankielistä, mutta suosituimpien reittien tiedot on julkaistu myös englanniksi.

Pyörämatkailu on Saksassa suosittua kaikenikäisten keskuudessa. Erikoisen usein Saksan pyöräreiteillä tulee kuitenkin vastaan keski-ikäisiä tai sen jo ohittaneita polkijoita. Pyörämatkailijat ovat monilla Saksan alueilla, kuten Elben varrella, matkailuyritysten tärkein asiakasryhmä. Pyöräilyn suosiota selittää ainakin osaksi saksalaisten korostunut ympäristötietoisuus: pyöräteiden rakentamiselle ja kunnossapidolle myönnetään avokätisesti määrärahoja. Lisäksi pyöräreittien rakentaminen tulee Saksassa halvemmaksi kuin meillä talvien leutouden, maaperän vähäisen routimisen vuoksi. Niinpä maa- ja metsätalouden tarpeita varten rakennetut syrjäiset pikkutietkin ovat Saksassa useimmiten kestopäällystettyjä. Moottoriajoneuvoilla näitä teitä saavat käyttää yleensä kuitenkin vain siellä työnsä takia liikkuvat. Pyörämatkailun lisäännyttyä näitä peltojen, niittyjen ja metsien halki johtavia pikkuteitä on viitoitettu pyöräreiteiksi, mihin ne ihanteellisesti sopivatkin. Tulvavaaran vuoksi monien Saksan jokien varsille on rakennettu korkeita maavalleja ja niiden päälle huoltoteitä. Myös nämä ja Pohjanmeren rannikon tulvavallien huoltotiet on usein viitoitettu pyörämatkailijoiden reiteiksi.

Saksan väkiluku on noin 80 miljoonaa, mikä takaa sen, että pyörämatkailijan kaipaamia majoitusliikkeitä ja ravintoloita on kyllin tiheässä, vaikka lomamatkalla olevan polkijan keskimääräinen päivätaival on vain muutamia kymmeniä kilometrejä. Myös pyöräilijöiden satunnaisesti tarvitsemia muita palveluja, kuten pyöräkorjaamoja, on kaikkialla.

Esittelen tässä oppaassa erityisesti Saksan pohjoisosassa sijaitsevia reittejä, joihin olen tutustunut vuosina 2012–2016. Itämeren etelärannikko ja muut Pohjois-Saksan reitit sopivat erityisen hyvin ympäristötietoisille matkailijoille, jotka haluavat välttää lentomatkoja: laivamatka Helsingistä Itämeren yli Travemündeen kestää vain runsaan vuorokauden.

Pohjois-Saksan tasaiset maisemat eivät kuitenkaan tyydytä kaikkia. Siksi kerron oppaassa myös Elben ja Weserin pyöräreiteistä sekä Romanttisen tien pyöräreitistä. Eläkeläisenä olen voinut pyöräillä viime vuosien aikana myös nämä reitit "päästä päähän" Elben yläjuoksun osuutta ja vaihtoehtoisia rinnakkaisreittejä lukuun ottamatta.

Polkupyörä on autoa kätevämpi kulkuneuvo suurkaupungeissa, joissa on jatkuva pula parkkipaikoista. Pyöräilijän ei tarvitse pelätä joutuvansa autoilijoita Keski-Euroopan

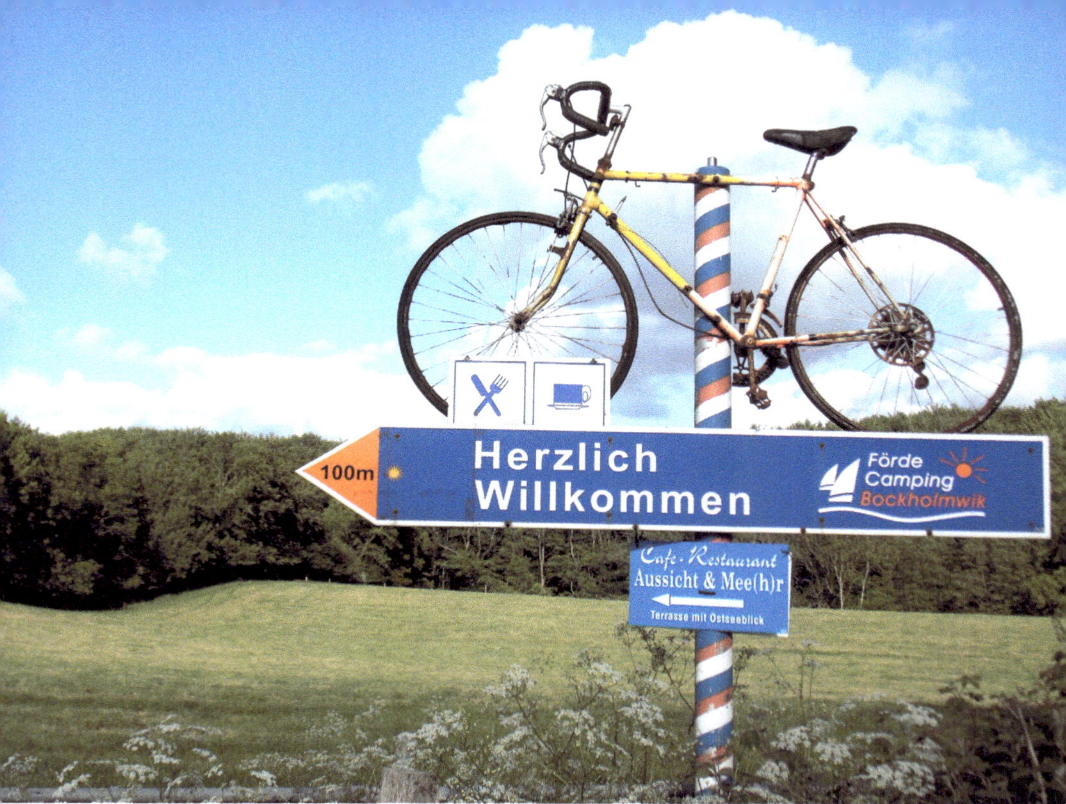

Saksalaiset majoitusliikkeet toivottavat pyöräilijät sydämellisesti tervetulleeksi, Herzlich Willkommen!

moottoriteillä joka lomakaudella piinaaviin ruuhkiin. Pyörämatkailu kuluttaa vain vähän uusiutumattomia luonnonvaroja, polkijan kunto kohenee matkan edetessä kuin huomaamatta – ja pyörämatkalla voi tuntea niin tuulet, tuoksut kuin luonnonäänetkin lähietäisyydeltä.

Suomen tietokirjailijat ry on myöntänyt apurahan kirjoitushankettani varten ja Aue-säätiö on mahdollistanut oppaani julkaisemisen. Näiden tahojen ohella kiitän Suomi-Saksa Yhdistysten Liittoa kannustuksesta ja hyvästä yhteistyöstä.

Lauri Hokkinen

PYÖRÄMATKAILUN VALTAVÄYLÄT: D-ROUTE JA EURO-VELO

Saksan pitkien pyöräreittien runko muodostuu kahdestatoista reitistä, joiden yhteenlaskettu pituus on lähes 12.000 kilometriä. Nämä runkoreitit ulottuvat maan laidasta laitaan ja ovat siksi niin pitkiä, että ne muodostuvat useista erikseen nimetyistä ja erikseen markkinoiduista pyöräreitistä. Esimerkiksi Pohjanmeren rannalta Alppien juurelle johtavaan noin 1200 kilometrin pituiseen **D-Route-reittiin nro 9** sisältyy alkumatkalla **Weserin pyöräreitti** (490 km) ja loppumatkalla **Romanttisen tien pyöräreitti** (440 km); näiden lisäksi siihen kuuluu pätkiä parista muusta vähemmän tunnetusta pyöräreitistä (270 km).

D-Route-reitit sisältyvät Saksan kansalliseen pyöräilyliikennesuunnitelmaan ja niitä kehitettäessä otetaan huomioon erityisesti pyörämatkailijoiden tarpeet; ne toimivat esikuvina muille pyöräreittihankkeille. Runkoreittejä koskevat tavoitteet on määritelty täsmällisesti: D-Route-reitit suunnitellaan niin, että "pyörämatkailija, jonka renkaat ovat 28 mm leveitä ja jolla on mukanaan 20 kg matkatavaroita, voi ajaa 20 kilometrin tuntinopeudella turvallisesti ja mukavasti". Runkoreiteistä tehdyn otantatutkimuksen (DF 10408 D-Netz) perusteella noin 80 % reittien kokonaispituudesta on viitoitettu sellaisille väylille, joilla ei ole lainkaan tai joilla on vain hyvin vähän tai enintään kohtalaisesti muuta liikennettä. Saman tutkimuksen mukaan 42 % reittikilometreistä kulkee erillään autoteistä. Peräti neljä viidesosaa runkoreittien kokonaispituudesta on päällystetty asfaltilla, betonilaatoilla tai muilla päällysteillä, jotka soveltuvat hyvin polkupyöräilyyn.

D-Route-runkoreittien viitoitus ja muu kehittäminen vaatii valtavasti työtä. Pisimmällä tässä kunnianhimoisessa hankkeessa ollaan **D-Route 3**-reitillä, joka johtaa Hollannin rajalta Harz-vuoriston pohjoispuolta Berliiniin ja edelleen Puolan rajalle. Tämän 960 kilometrin pituisen reitin varrella on tavanomaista viitoitusta täydentämässä toistasataa saksan- ja englanninkielistä infotaulua, joissa kerrotaan reitin kulusta, reitin lähellä sijaitsevista matkailunähtävyyksistä, majoitus- ja ravitsemusliikkeistä ja julkisen liikenteen yhteyksistä. Pyörämatkailijoita varten tämän reitin varrella on myös polkupyörien lyhytaikaiseen säilytykseen suunniteltuja pieniä teräsverkosta tehtyjä talleja ("Fahrradbox"), joihin pyörän voi lukita matkatavaroineen vaikkapa museokäynnin ajaksi.

Pitkät D-Route- ja Euro-Velo-runkoreitit koostuvat tavallisesti muutaman sadan kilometrin pituisista alueellisista pyöräreiteistä.

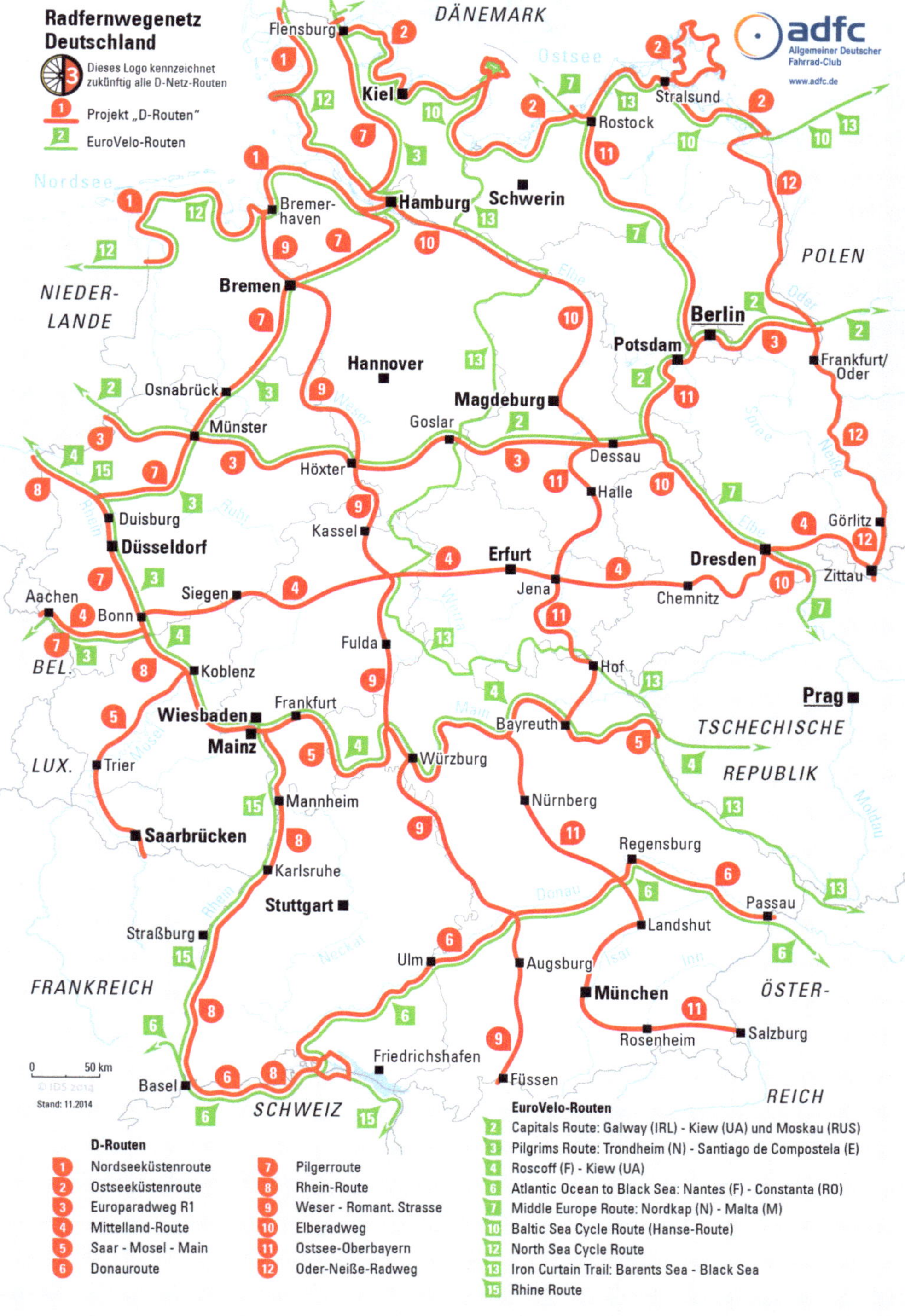

Radfernwegenetz Deutschland
Dieses Logo kennzeichnet zukünftig alle D-Netz-Routen
Projekt „D-Routen"
EuroVelo-Routen
adfc
Allgemeiner Deutscher Fahrrad-Club
www.adfc.de
DÄNEMARK
Ostsee
Nordsee
NIEDER-LANDE
POLEN
BEL.
LUX.
FRANKREICH
SCHWEIZ
ÖSTER-REICH
TSCHECHISCHE REPUBLIK
Flensburg
Kiel
Stralsund
Rostock
Hamburg
Schwerin
Bremerhaven
Bremen
Berlin
Potsdam
Frankfurt/Oder
Hannover
Magdeburg
Osnabrück
Münster
Goslar
Höxter
Dessau
Halle
Duisburg
Düsseldorf
Kassel
Erfurt
Jena
Dresden
Görlitz
Zittau
Chemnitz
Aachen
Bonn
Siegen
Fulda
Koblenz
Hof
Prag
Wiesbaden
Frankfurt
Mainz
Bayreuth
Würzburg
Trier
Mannheim
Nürnberg
Saarbrücken
Regensburg
Karlsruhe
Stuttgart
Passau
Landshut
Straßburg
Ulm
Augsburg
München
Rosenheim
Salzburg
Friedrichshafen
Basel
Füssen
Elbe
Oder
Weser
Spree
Neiße
Rhein
Ruhr
Werra
Main
Mosel
Donau
Neckar
Isar
Inn
Moldau
0 50 km
© IDS 2014
Stand: 11.2014
D-Routen
1 Nordseeküstenroute
2 Ostseeküstenroute
3 Europaradweg R1
4 Mittelland-Route
5 Saar - Mosel - Main
6 Donauroute
7 Pilgerroute
8 Rhein-Route
9 Weser - Romant. Strasse
10 Elberadweg
11 Ostsee-Oberbayern
12 Oder-Neiße-Radweg
EuroVelo-Routen
2 Capitals Route: Galway (IRL) - Kiew (UA) und Moskau (RUS)
3 Pilgrims Route: Trondheim (N) - Santiago de Compostela (E)
4 Roscoff (F) - Kiew (UA)
6 Atlantic Ocean to Black Sea: Nantes (F) - Constanta (RO)
7 Middle Europe Route: Nordkap (N) - Malta (M)
10 Baltic Sea Cycle Route (Hanse-Route)
12 North Sea Cycle Route
13 Iron Curtain Trail: Barents Sea - Black Sea
15 Rhine Route

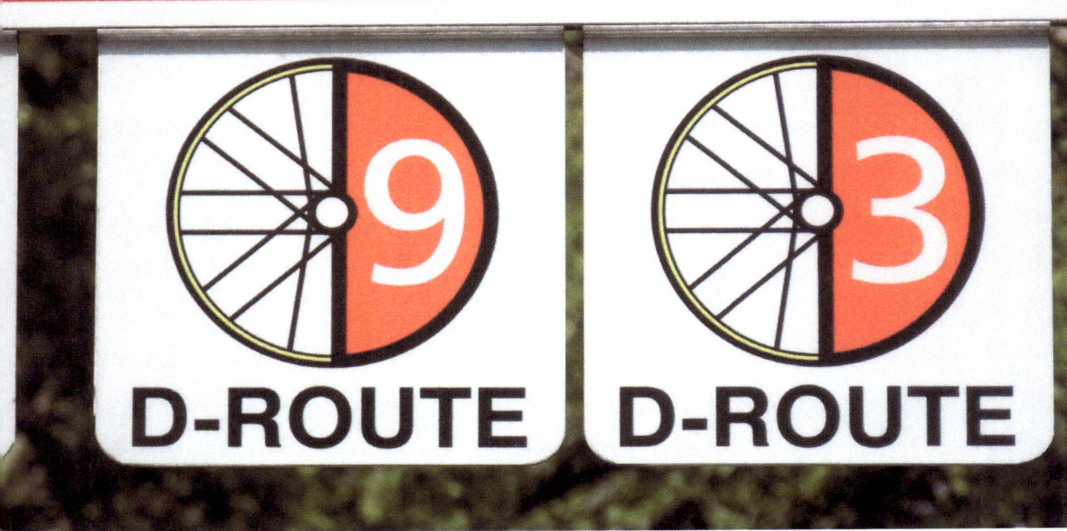

Eurooppaan on suunniteltu myös 14 **Euro-Velo-pyöräreittiä**, joista pisin on peräti 10.400 km pitkä **Rautaesirippu-reitti**. Euro-Velo-reiteistä kahdeksan suuntautuu etelästä pohjoiseen ja neljä lännestä itään, loput kaksi eli Itämeren ja Pohjanmeren ympärille suunnitellut reitit ovat ympyrälenkkejä eli kiertoreittejä. Suomeen Euro-Velo-reiteistä ulottuvat Rautaesirippu-, Itämeren kierto- ja Itä-Euroopan reitit. Euro-Velo-reittien toteutus on toistaiseksi kuitenkin pahasti kesken. Vain Sveitsistä Ranskan ja Saksan kautta Hollantiin ulottuva **Euro-Velo-reitti nro 15** on kauttaaltaan valmis. Se seuraa Rein-jokea sen alkulähteeltä Sveitsin Andermattista Pohjanmeren rannalle Hoek van Hollandiin asti; reitin kokonaispituus on 1233 kilometriä, josta lähes tuhat kilometriä kulkee Saksassa.

Saksan maaperällä sijaitsee osia yhdeksästä Euro-Velo-reitistä. Nämä reittiosuudet ovat lähes kaikkialla yhteneväisiä D-Route-runkoreittien kanssa. Euro-Velo-reitti nro 13 eli Rautaesirippu-reitti kulkee täällä kuitenkin entistä Saksan sisäistä rajalinjaa sivuten Tshekin rajalta Lyypekin Travemündeen. Koska Saksan sisäisen rajan lähelle ei pystytetty muita kuin rajavalvontaan liittyviä rakennuksia, tästä maakaistaleesta muodostui luonnon kannalta tärkeä vihervyöhyke. Rautaesirippu-reitin ohella tätä pyöräreittiä kutsutaan siksi myös ”Vihreäksi nauhaksi” (”Grünes Band”). Euro-Velo-reittien lisäksi Saksan halki kulkee pari muutakin kansainvälistä pyöräreittiä: **Europaradweg R 1** johtaa Boulogne-sur-Meristä Pietariin ja **Paneuropa-Radweg** Pariisista Pietariin.

Tarkat tiedot näistä ja muistakin Saksan pyöräreiteistä sisältyvät Allgemeiner Deutscher Fahrrad-Club e.V.:n maksuttomaan esitteeseen ”Deutschland per Rad entdecken”, jota on saatavilla kaikista ADFC:n toimipaikoista ja monista pyöräliikkeistä. Internetistä samat tiedot löytyvät sivulta www.adfc.de/deutschland/alle-routen.

SAKSAN SUOSITUIMMAT JA PARHAIKSI ARVIOIDUT PYÖRÄREITIT

Pyöräilijöiden asioita edistää Saksassa Allgemeiner Deutscher Fahrrad-Club e.V. eli ADFC, jolla on yli 150.000 jäsentä. ADFC tutkii myös säännöllisesti Saksan pyörämatkailun kehitystä ja muun muassa eri pyöräilyreittien keskinäistä menestymistä. Saksan suosituimmat pyöräreitit on viitoitettu jokien varsille. Jokivarsien suosio on helppo ymmärtää: jokia seuraavilla pyöräteillä ei yleensä esiinny jyrkkiä mäkiä, eikä jokivartta etenevältä reitiltä juuri voi eksyäkään. Koska joet ovat olleet nykyisen Saksan alueella äärimmäisen tärkeitä kulkuväyliä jo muinaisina aikoina, niiden varsille on jo varhain rakennettu linnoja, kyliä ja kaupunkeja. Nämä asutuskeskittymät - ja jokaisen joenmutkan jälkeen odottavat uudet maisemat - houkuttelevat nykyisin erityisesti pyörämatkailijoita.

Pyöräilevien saksalaismatkailijoiden keskuudessa ylivoimaisesti suosituin reitti on jo yli kymmenen vuoden ajan ollut Elben pyöräreitti (Elberadweg). Sen voi aloittaa joko Elben suiston eteläpuolelta Cuxhavenista tai sen pohjoispuolelta Brunsbüttelistä. Hampurin jälkeen edessä on uudelleen valintatilanne, sillä Elberadweg jatkuu täältä jälleen joen molemmin puolin Magdeburgin lähelle asti. Saksassa Elben pyöräreitin pituus on noin 880 kilometriä. Reitti kulkee kolmen suurkaupungin – Hampurin, Magdeburgin ja Dresdenin – halki. Toisaalta sen varrella on myös lukuisia pikkukaupunkeja, kuten esimerkiksi posliiniteollisuudesta tunnettu Meißenin kaupunki. Dresdenin jälkeen matkaa voi jatkaa Elbsandsteingebirgen jylhien hiekkakivivuorten kupeessa Tshekin puolelle, jossa reitti jatkuu vielä noin 360 kilometriä, Elben alkulähteelle asti. Elben pyöräreitin läntisintä osuutta kuvaava tarkempi selostus on kappaleessa 12 ja saman reitin keskiosuudesta kertova selostus kappaleessa 13.

Toiseksi suosituin reitti Saksassa on Mainin pyörätie (Mainradweg). Mainia, joka on Reinin sivujoki, pidetään usein Etelä- ja Pohjois-Saksan rajana. Leikillisesti sitä kutsutaan nimellä Weißwurstäquator eli "valkomakkarapäiväntasaaja", koska vain sen eteläpuolella on tapana syödä baijerilaiseen ruokakulttuuriin kuuluvaa vasikanlihasta tehtyä valkomakkaraa. Idästä päin lähdettäessä Mainin pyörätiellä voi valita, seuraako aluksi Mainin "valkoista" vai "punaista" sivujokea; nämä haarat yhtyvät Kulmbachissa, josta on 500 kilometrin matka Reinin varrella sijaitsevaan Mainziin, reitin läntiseen päätepisteeseen. Mainin pyöräreitin houkutuksiin kuuluvat ennen kaikkea jokivarren viininviljelyalueet. Monista olutpanimoistaan tunnetun Bambergin vanha keskusta on hyväksytty UNESCOn maailmanperintöluetteloon, samoin Würzburgin loistokas residenssilinna puutarhoineen. Asukasluvultaan reitin suurin kaupunki on Frankfurt am Main, jota kutsutaan sen monien pilvenpiirtäjien vuoksi myös Mainhattaniksi.

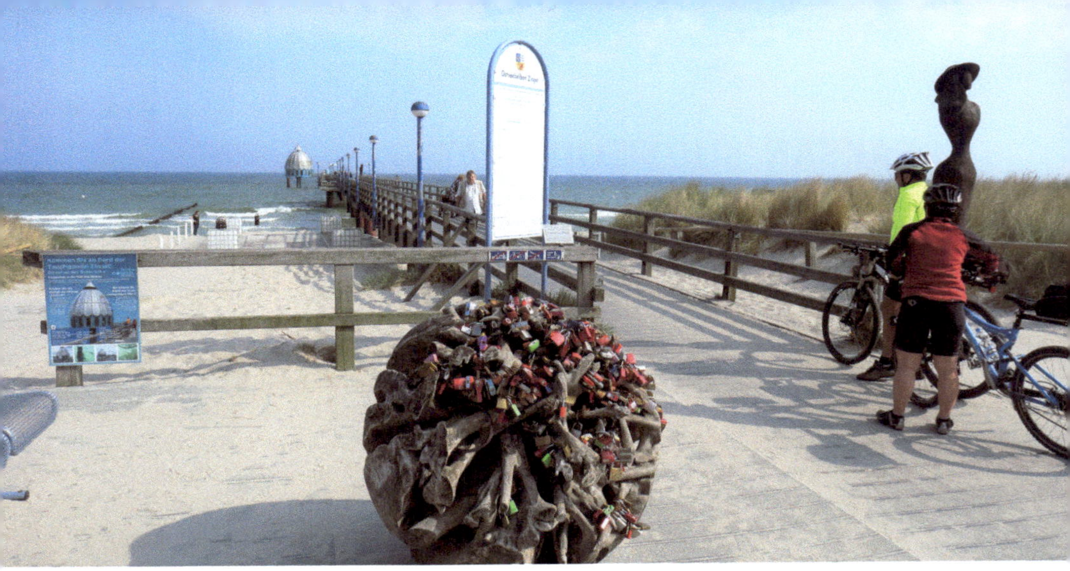

Itämeren rannikon pyöräreitti kulkee Zingstin kautta. Tämän kylpyläpaikkakunnan pitkän laiturin päässä on sukellusgondoli.

Kolmantena suosikkireittien listalla on Tonavan pyörätie (Donauradweg), tarkemmin sanoen sen Saksaa halkova osuus. Kansainvälisen Tonavan pyöräreitin pituus on 2800 kilometriä ja alkulähteeltä Mustallemerelle edetessään se kulkee Saksan lisäksi Itävallan, Slovakian, Unkarin, Kroatian, Serbian, Bulgarian ja Romanian alueella. Reitin Saksan osuus, jonka suosiota ADFC:n tutkimuksissa mitataan, alkaa maan lounaiskulmasta, Donaueschingenistä, ja päättyy kaakossa Itävallan rajalla sijaitsevaan Passaun kaupunkiin. Noin 560 kilometrin pituisen Saksan osuuden varrella sijaitsee muun muassa Ulm, jonka kirkko oli valmistumisensa jälkeen 1890 pitkän aikaa maailman korkein rakennus (161,5 metriä). Itäisessä Baijerissa sijaitsevan Regensburgin vanhakaupunki on myös mukana UNESCOn maailmanperintöluettelossa.

Saksassa erittäin suosittu reitti on myös Itämeren rannikon pyöräreitti eli Ostseeküstenradweg. Koska se on lähinnä Suomea ja sen varrelle voi matkustaa Helsingistä myös laivalla, siitä on tässä oppaassa yksityiskohtainen, neljään osa-alueeseen jaksotettu kuvaus.

Sen lisäksi, että ADFC tutkii vuosittain pyöräreittien suosiota, sen asiantuntijat ovat jo vuodesta 2005 alkaen myös luokitelleet pyöräteitä. Jotta pyöräreitti voitaisiin luokitella, sen on oltava vähintään 100 kilometrin pituinen ja sillä on järjestettävä myös pyöräilyvalmismatkoja. ADFC myöntää pyörämatkailijan kannalta olennaisten arviointikriteerien perusteella pyöräreitille kolmesta viiteen tähteä. Luokittelussa, joka on voimassa kerrallaan kolme vuotta, kiinnitetään huomiota pyörätien leveyteen, päällysteeseen, viitoitukseen ja sen havaittavuuteen, reitin meluhaittoihin, moottoriajoneuvoliikenteeseen ja matkailun infrastruktuuriin, kuten reitin varrella tai sen lähellä sijaitseviin leirintäalueisiin ja muihin majoitusliikkeisiin, ravintoloihin, matkailuneuvonnan toimipaikkoihin, opasteisiin ja levähdysalueisiin. Myös reitin saavutettavuus sellaisilla julkisilla kulkuneuvoilla, joissa voi kuljettaa polkupyöriä, on eräs arviointiperuste. Reitin markkinointi eli siitä saatavilla oleva kartta- ja informaatioaineisto, karttojen mittakaava ja ajankohtaisuus sekä reitin esittely netissä vaikuttavat nekin luokitteluun.

Parhaaseen luokkaan eli viiden tähden pyöräreitiksi on yltänyt Liebliches Taubertal. Se kulkee Baden-Württembergin koillisosassa mutkittelevan Tauberjoen laaksossa niittyjen, peltojen, viinitarhojen ja monien keskiaikaisten pikkukaupunkien läpi Rothenburg ob der Tauberista Wertheimiin. Tämän reitin viehätysvoima perustuu ennen kaikkea siihen, että se on viitoitettu pääosin sivuteille, joilla ei ole ollenkaan autoliikennettä. Sata kilometriä pitkän klassisen Tauberin pyöräreitin lisäksi Rothenburg ob der Tauberin ja Wertheimin välille on viitoitettu myös saman reitin urheilullinen muunnelma, joka on pitempi ja jolla esiintyy suurempia korkeuseroja. Toinen viiden tähden arvoiseksi noteerattu pyöräreitti on Schlossparkradrunde im Allgäu, jonka tunnetuin nähtävyys on kuningas Ludwig II:n rakennuttama Neuschwansteinin "satulinna". Tämän runsaan 200 kilometrin pituisen kiertoreitin voi aloittaa esimerkiksi Füssenin kaupungista.

Neljä tähteä ADFC on myöntänyt 19 pyöräreitille ja kolme tähteä 11 pyöräreitille. Tässä oppaassa esitellyistä reiteistä Romanttisen tien pyöräreitti on luokiteltu kokonaisuutena kolmen tähden arvoiseksi; viiden tähden Tauberin pyöräreitti on osa Romanttisen tien pyöräreittiä. ADFC myöntää nykyisin tähtiä myös alueille, joissa pyörämatkailua on kehitetty ansiokkaasti. Tähtiluokitus on voimassa kolme vuotta kerrallaan.

PYÖRÄILYVALMISMATKAT, MATKA KOHDEALUEELLE, PYÖRÄNVUOKRAUS

Pääosa Saksan pyöräreiteillä polkevista matkailijoista on liikkeellä omatoimisesti, mutta myös pyöräilyvalmismatkoja on tarjolla runsaasti. Netistä itselle sopivaa vaihtoehtoa voi etsiä esimerkiksi sivuilta www.radreisen-online.de, www.1-2-3-radreise.de ja ADFC:n ylläpitämältä sivulta www.radurlaub-online.de. Suurin osa pyöräilyvalmismatkoista on yksittäisille matkailijoille tarkoitettuja matkoja, joihin sisältyy valmiiksi varattujen hotelliyöpymisten lisäksi matkatavaroiden kuljetus majapaikasta toiseen sekä reittiselostus karttoineen. Matkapakettiin saattaa sisältyä myös matkalaisen ja pyörän paluukuljetus junalla, sillä tarjolla on eniten matkoja, joiden aikana jokin reitti pyöräillään yhteen suuntaan (näitä kutsutaan nimellä "Etappenreise" tai "Strecken-tour"). Matkojen hinnat ilmoitetaan useimmiten henkilöhintoina kahden hengen huoneissa yövyttäessä. Lisämaksusta on useimmiten mahdollista majoittua yhden hengen huoneissa, monilla reiteillä voi myös valita joko edullisen tai hieman ylellisemmän majoituksen. Polkupyörän tai sähköavusteisen pyörän vuokra on useimmiten maksullinen lisäpalvelu. Joillakin alueilla on myynnissä myös kiertomatkoja ("Rundreise"), jolloin matka päättyy aloituspaikalle. Vakiintunut pyöräilyvalmismatkakäsite on myös "Sternreise". Sen valitsevat pyöräilijät asuvat koko oleskelunsa ajan yhdessä majapaikassa ja tekevät sitä tukikohtanaan pitäen päiväretkiä, eri päivinä eri kohteisiin.

Suosituimmilla pyöräreiteillä järjestetään myös opastettuja pyöräilyryhmämatkoja. Opastuskieli näillä matkoilla on lähes aina saksa.

Pyöräilyvalmismatkoja pohjoisessa ja itäisessä Saksassa tarjoaa esimerkiksi Die Mecklenburger Radtour. Se on toiminut vuodesta 1993 lähtien ja julkaisee myös painettuja matkaesitteitä. Sen matkaohjelmasta löytyy tarkat tiedot netistä: www.mecklenburger-radtour.de.

Matka kohdealueelle

Suomesta Saksaan pyörämatkalle lähtijällä on varsinaisen pyörämatkan lähtöpaikalle päästäkseen monia vaihtoehtoja. Pyöräilyvalmismatkan valitsevien kannattaa ajan - ja useimmiten myös kustannusten - säästämiseksi matkustaa Saksaan lentokoneella. Oman pyörän voi ottaa mukaan lentokoneeseen, mutta eri lentoyhtiöillä on erilaisia määräyksiä siitä, millä ehdoilla pyöriä voidaan kuljettaa. Esimerkiksi Finnair edellyttää, että pyörä on pakattava kuljetuskoteloon tai -laukkuun. Jotta se mahtuisi tavallisiin kuljetuskoteloihin, on ohjaustanko käännettävä pyörän rungon suuntaiseksi ja irrotettava pyörän polkimet. Lisäksi renkaiden ilmanpaine on laskettava ennen lentoa minimiin. Kuljetuskoteloita voi vuokrata, mutta kokonaiskulut oman pyörän edestakaisista kuljetuksista nousevat ainakin lyhyillä matkoilla usein korkeammiksi kuin perillä vuokratun pyörän kustannukset.

Jos käytettävissä on runsaasti aikaa, voi jo alkumatkan Saksaan tai paluumatkan sieltä tehdä tietysti myös polkien – joko Baltian maiden tai Ruotsin ja Tanskan kautta.

Eräs polkemista joutuisampi lisävaihtoehto olisi matkustaa Saksaan junalla ja kuljettaa pyörä matkatavarana. Matkustaminen junalla Baltian maiden ja Puolan kautta on kuitenkin hankalaa ja hidasta. Ruotsin kautta matkustaminen ei onnistu pyörän kanssa Ruotsin rautateiden (Statens järnvägar, SJ) junilla, koska SJ:n kaukoreiteillä ei

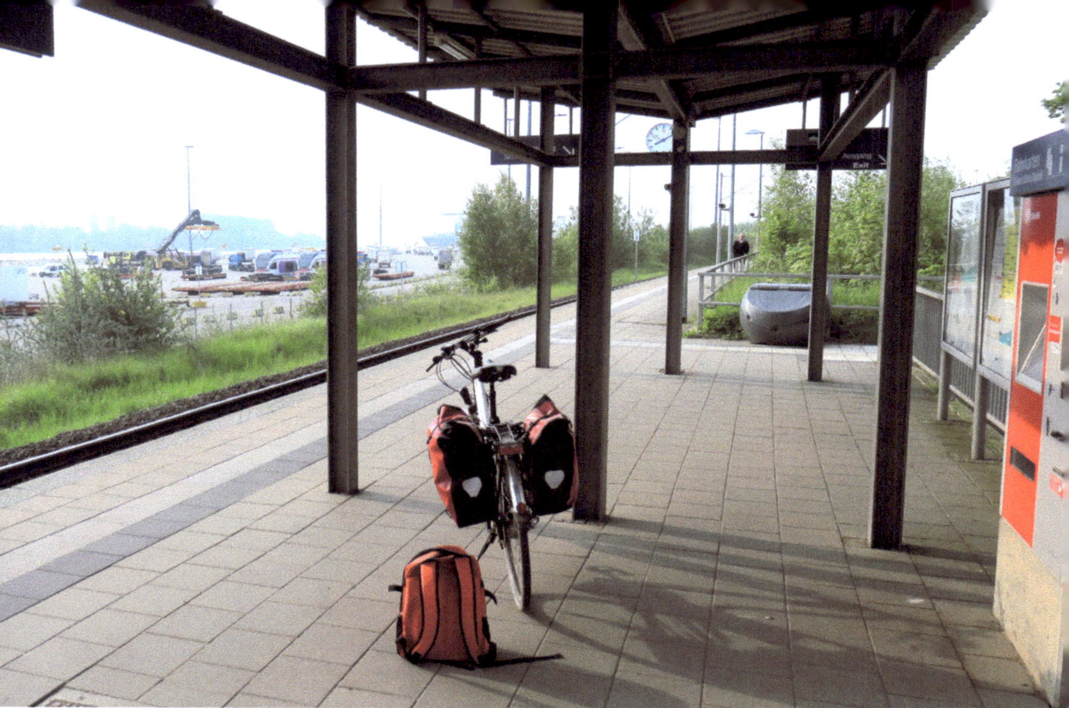

Travemünde Skandinavienkai-rautatieasema on vain katoksella ja lippuautomaatilla varustettu pysäkki. Finnlinesin laivojen laituri häämöttää pyörän oikealla puolella.

voi kuljettaa polkupyöriä. Etelä-Ruotsissa liikennöivät kuitenkin Pågatågen-paikallisjunat, joissa kuljetetaan myös pyöriä. Näillä junilla voi matkustaa kätevästi Ruotsin itärannikon Kalmarista asti esimerkiksi Trelleborgiin tai Ystadiin, joista on laivayhteydet Pohjois-Saksaan. Pågatågen-taajamajunia liikennöi myös Kööpenhaminaan, josta pääsee suoraan Berliini-Kööpenhamina-pyöräreitille. Kalmarista on noin 90 kilometrin pyörämatka Oskarshamniin. Sieltä on laivayhteys Gotlannin Visbyhyn ja Visbystä edelleen laivayhteys Nynäshamniin, josta voi siirtyä Tukholmaan pyöriäkin kuljettavalla paikallisjunalla tai kaupunkien välistä noin 90 km pitkää pyöräreittiä polkien. Tämä Tukholman kautta kulkeva matkareitti tarjoaa siten käyttökelpoisen vaihtoehdon varsinkin Lounais-Suomessa asuville omatoimisille pyörämatkailijoille.

Viihtyisä ja ympäristöystävällinen matkustusmuoto on laivamatka Helsingin Vuosaaresta Lyypekin Travemündeen. Matka-aika tällä reitillä on noin 27 ½ tuntia ja Travemündestä voi lähteä suoraan Itämeren rannikon pyöräreitille, joko länteen tai itään. Pyörät kuljetetaan Finnlinesin laivoilla samassa tilassa kuin autotkin. Pyörän kuljetus maksaa noin puolet siitä, mitä kuljetus lentokoneessa Suomen ja Saksan välillä maksaisi.

Pyöränvuokraus

Pyöräliikkeet, hotellit ja monet matkailutoimistot vuokraavat tavallisia ja erikoispyöriä matkailijoille kaikkialla Saksassa. Jos haluaa sopia vuokraehdoista etukäteen tai vuokraa jonkin erikoispyörän, kannattaa vuokraamoon ottaa yhteys sähköpostilla.

Pyöränvuokraus on Saksassa edullista. Jotta pyörämatkan aikana ei tulisi ongelmia, kannattaa varmistaa, että omat sivulaukut ja mahdolliset muut matkatavarat saa kiinnitettyä tukevasti vuokrapyörään. Matkailijoita palvelevien vuokraamojen lisäksi Saksan suurimmilla paikkakunnilla ja rautatieasemilla voi vuokrata kaupunkipyöriä, jotka on tarkoitettu lyhytaikaista käyttöä varten. Näitä pyöriä, joiden vuokraus maksetaan esimerkiksi matkapuhelinlaskun yhteydessä tai kolikoilla, ei yleensä ole suunniteltu pitkille pyörämatkoille.

Pyörävuokraamoista voi lähes aina vuokrata myös sähköavusteisia pyöriä ("Pedelec", "E-Bike"). Suuri toimija tällä sektorilla on movelo GmbH. Pelkästään tällä yrityksellä on Saksassa vuokrattavana noin 5000 sähköavusteista pyörää. Lisätietoja: www.movelo.com.

Esimerkki pyörävuokraamosta, joka sopii Suomesta Itämeren etelärannikolle suuntaaville pyöräilijöille, on Fahrrad-Hesse Scharbeutzissa (www.Fahrrad-Hesse.de). Scharbeutz sijaitsee parinkymmenen kilometrin päässä Travemündestä, jonne vuokraamo sovittaessa toimittaa pyörät. Jos saapuu Saksaan lentokoneella, Hampurin lentoasemalta pääsee Scharbeutziin junalla Lyypekin kautta noin 1½ tunnissa.

MAJOITUSLIIKKEITÄ JOKA MAKUUN

Majapaikan löytäminen on Saksassa helppoa ja yöpyminen mukavuuksin varustetussa huoneessa maksaa useimmiten selvästi vähemmän kuin Suomessa. Säästö leirintäalueella (**Campingplatz**) yöpymiseen verrattuna on Saksassa niin pieni, että suurin osa pyörämatkailijoista yöpyy sisämajoituksessa. Halukkuutta oman teltan ja makuupussin kuljettamiseen vähentää sekin, että Saksassa ei tunneta samanlaista jokamiehenoikeutta kuin Suomessa: metsään tai rannoille ei ole sallittua leiriytyä. Myös pyörämatkailijoiden keskimäärin korkeahko ikä vaikuttaa sisämajoituksen suosioon: puolet pyörämatkailijoista kuuluu 45 – 64-vuotiaiden ikäluokkaan.

Monet perheet ja yksityishenkilöt hankkivat Saksassa toimeentulonsa tai lisäansioita vuokraamalla huoneita tai huoneistoja lomanviettäjille. Katujen ja teiden varsilla näkyy siksi usein **Ferienwohnung** ja **Pension** -kylttejä. Nämä majoitusliikkeet tavoittelevat ensisijaisesti pitempään viipyviä asiakkaita, mutta ottavat vilkkaimman matkailukau-

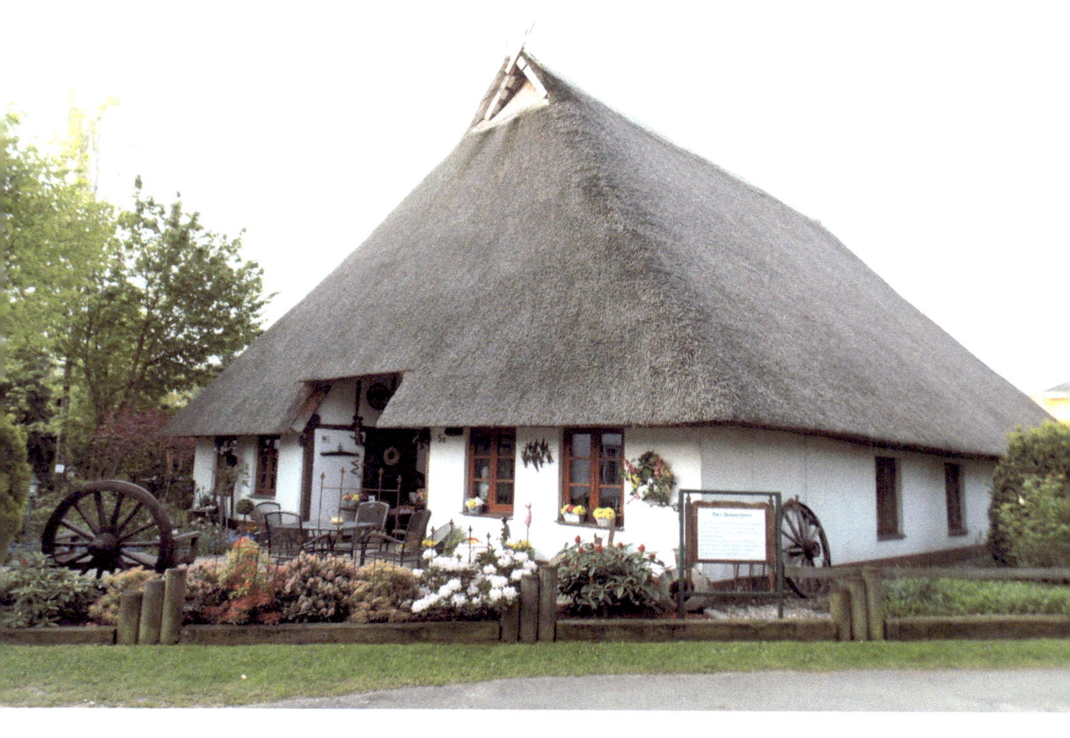

Tässä Boltenhagenin maalaistalossa on majoitettu vieraita jo vuodesta 1803 alkaen. Talo sijaitsee Itämeren rannikon pyöräreitin varrella, Travemünden ja Wismarin puolivälissä.

den ulkopuolella mielellään myös yhdeksi yöksi majoittuvia vieraita. **Zimmer frei** ja **Ferienzimmer** -kyltit viittaavat yksittäisiin huoneisiin, joiden asiakkaista suuri osa jää vain yhdeksi yöksi jatkaakseen matkaansa jo seuraavana aamuna. Jos jonkin edellä mainitun kyltin jäljessä on teksti "belegt", ovat kaikki huoneet jo varattuja.

Bauernhofferien tai **Urlaub auf dem Bauernhof** synnyttää mielikuvan lomanvietosta maalaistalossa, mutta monet niistä ottavat mielellään vastaan – jos tilaa on vapaana – yhdeksikin yöksi majoittuvia pyörämatkailijoita. Joskus maatalojen yhteydessä on erikoisuutena myös **Heuhotel** tai **Heuherberge**, joissa yövytään entisissä heinäladoissa tai talleissa ja nukutaan oljilla täytetyillä patjoilla. Tavallisimmin nämä tilat on tarkoitettu ryhmämajoitukseen, mutta toisinaan niissä on tarjolla myös yhden ja kahden hengen huoneita.

Jugendherberge on Saksassa ensisijaisesti nuorten suosima itsepalveluun perustuva retkeilymaja. Samantapainen majoitusliike on **Jugendgästehaus**. Yöpyminen Saksan retkeilymajoissa edellyttää retkeilymajajärjestön jäsenyyttä. Niitä vastaavat kaupalliset majoitusliikkeet käyttävät myös Saksan suurissa kaupungeissa kansainvälisiä nimiä **Hostel**, **Backpacker Hostel** tai vain lyhyesti **Backpacker**. Myös aamiaismajoitusliikkeiden englanninkielisiä **Bed and Breakfast** -kylttejä esiintyy silloin tällöin.

Gasthaus ja **Gasthof** ovat majataloja, joissa on myös ravintola. Saksassa monilla majataloilla on vuosisataiset perinteet; monet niistä olivat aikoinaan postinkuljetusreittien etappipaikkoja. Gasthaus on edelleenkin monen pienen paikkakunnan keskipiste. Jos **Hotel** -sanan jäljessä lukee **garni**, niin hotellissa ei ole ravintolaa. Hotel garni -majoitusliikkeistä saa silti aamiaisen, joka tarjoillaan aamiaishuoneessa.

Jos ei ole varannut yösijaa etukäteen, kannattaa katsella tarkasti reitin varrella olevia kylttejä ja kolkuttaa rohkeasti ovelle: jos majapaikkaa ei olekaan tarjolla, niin majoittajat osaavat yleensä neuvoa, mistä kyselyjä kannattaa jatkaa.

Monilla kylpyläpaikkakunnilla majoituksesta peritään varsinaisen yöpymishinnan lisäksi parin euron lisämaksu, josta käytetään yleisimmin nimitystä **Kurtaxe**. Sen vastineeksi matkailijat saavat esimerkiksi alennuksia sisäänpääsymaksuista, oikeuden käyttää paikallisbusseja tai muita etuuksia. Joissakin kaupungeissa muut kuin työnsä vuoksi yöpyvät joutuvat maksamaan majoitushintaan lisättävää veroa, jonka nimi on esimerkiksi Hampurissa **Tourismustaxe** ja Weimarissa **Kulturabgabe**. Myös ranta-alueella liikkuminen edellyttää joillakin kylpyläpaikkakunnilla Kurtaxen suorittamista; tällöin päiväkäyntiin oikeuttavan parin euron maksun voi suorittaa automaatilla. Itämeren rannikon pyöräreitti on kuitenkin viitoitettu niin, että se ei johda Kurtaxe-maksuvelvollisille pyörätieosuuksille.

Saksan polkupyöräilijöiden katto-organisaatio ADFC on luonut erityisesti pyörämatkailijoille sopivien majoitusliikkeiden markkinointiketjun **Bett+Bike**. Siinä mukana olevat majoitusliikkeet toivottavat pyöräilijät tervetulleeksi yhdeksikin yöksi. Näissä majoitusliikkeissä on aina myös pyörälle yöksi turvallinen säilytyspaikka. Bett+Bike-majoitusliikkeissä pyöräilijöiden erityistarpeet on otettu muutoinkin huomioon: esimerkiksi kastuneille vaatteille ja varusteille on kuivattelutiloja ja majoittujien käytettävissä on perustyökaluja pyöränkorjauksia varten. Bett+Bike -majoitusliikkeitä on Saksassa yli 5500, ja niiden kirjo yltää tasokkaista hotelleista leirintäalueisiin. Hinnat ja muut tärkeimmät tiedot julkaistaan vuosittain painetussa hakemistossa ja sivulla www.bettundbike.de. Netistä ilmenee myös Bett+Bike-majoitusliikkeiden sijainti eri reittien varrella. Painetussa luettelossa majoitusliikkeet ovat osavaltioiden ja kuntien mukaisessa aakkosjärjestyksessä.

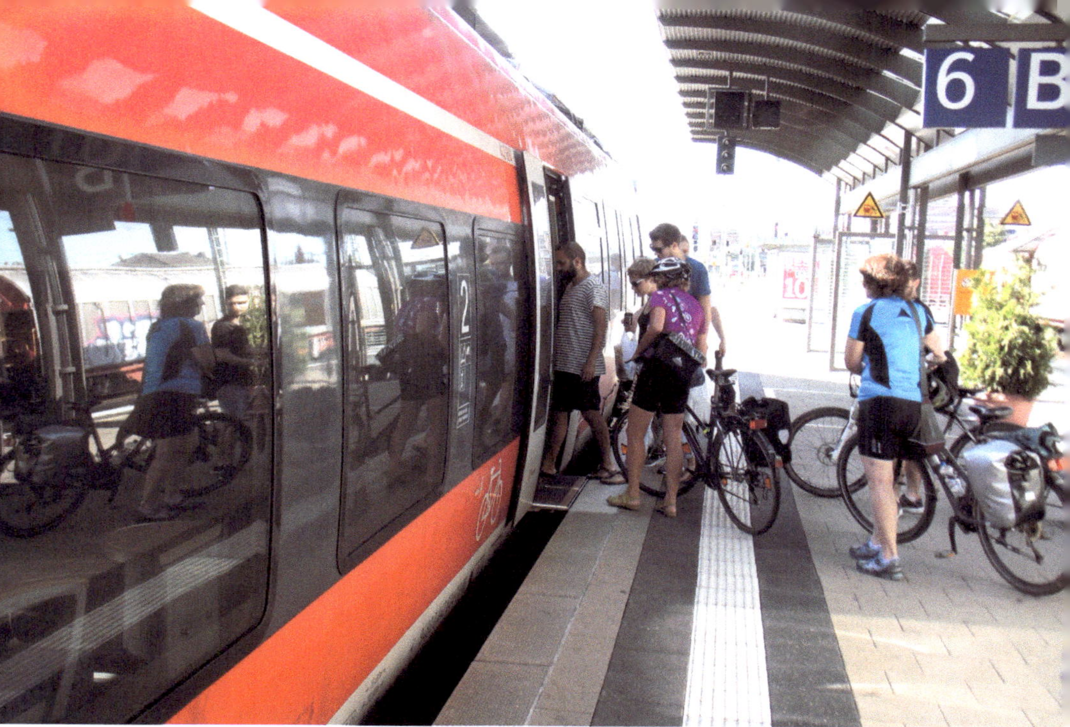

Lähiliikenteen junissa on pyörän kuljetukseen sopivia tilavia vaunuosastoja. Ulospäin pyörienkuljetusvaunut on merkitty pyöränkuvilla.

PYÖRÄN KULJETUS SAKSAN JUNISSA JA BUSSISSA

Useimpiin Saksan juniin voi ottaa polkupyörän mukaansa. Pyörä on niin helppo ottaa mukaan junaan, että valtaosa pyöräreiteistä on ympyrälenkkien sijaan "päästä päähän ajettavia"; jompaankumpaan suuntaan pyörä kuljetetaan silloin tavallisesti junassa. Pyörien kuljetusmahdollisuus riippuu kuitenkin siitä, millaisessa junassa matkustaa.

Valtion rautateiden vastine Saksassa on Deutsche Bahn. Sen kaukoliikenteen junia kutsutaan nimillä **Intercity-Express** (ICE), **Intercity** (IC), **Eurocity** (EC) ja **Nachtzug** eli yöjuna (CNL). Intercity- ja Eurocity-junissa kuljetetaan polkupyöriä ja niiden perävaunuja. Tätä varten nämä junat on varustettu polkupyöräosastoilla, joissa polkupyörät nostetaan matkan ajaksi erityisiin kiinnittimiin. Pyörän saa ripustettua kiinnityskoukkuun, kun irrottaa laukut ennen nostoa ja tukee nostettaessa takapyörää jaloillaan. Nostamisessa voi pyytää apua muilta matkustajilta tai junan henkilökunnalta. Vaunu, jossa on pyöräosasto, on helppo tunnistaa vaunun seinällä olevista isoista pyörän kuvista. Kaukoliikenteessä pyörälle on aina hankittava pyöränkuljetuslippu (hinta 2016: 9 euroa) ja varattava samalla etukäteen paikka pyöräosastosta. Sen voi tehdä asemilla tai verkossa (www.bahn.de). Intercity-Express-juniin pyöriä ei voi ottaa mukaan (poikkeuksena ovat ainoastaan pienet taittopyörät, joita pidetään matkatavarana). IC-junia kulkee Saksassa kuitenkin monilla kaukoliikenteen reiteillä. EC-junia liikennöi puolestaan reiteillä, jotka ylittävät maan rajan. Pyörien kuljetusta koskevat säännöt vaihtelevat EC-junissa maasta toiseen, koska Saksan naapurimaissa on käytössä monenlaista junakalustoa.

Myös lähiliikenteen junissa on pyörien kuljetukseen tarkoitetut vaunut merkitty selvästi pyörän kuvilla. Lähiliikenteen junia ovat mm. **Interregio-Express** (IRE), **Regional-Express** (RE), **Regionalbahn** (RB) ja **S-Bahn**. Uusien lähiliikenteen junien ovet ovat leveitä ja samassa tasossa asemalaiturien kanssa. Näiden junien tilaviin avo-osastoihin mahtuu parhaimmillaan kymmenkunta pyörää. Joillakin rataosuuksilla on yhä käytössä vanhoja junavaunuja, joihin pääsee ainoastaan nousemalla jyrkkiä portaita, joskus vain kapeiden ovien kautta. Lähiliikenteessä pyörälle ei, toisin kuin kaukoliikenteessä, tarvitse - eikä voi - varata etukäteen paikkaa. Pyörän saa mukaan, mikäli tilaa on. Pyöränkuljetuksesta peritään lähiliikenteen junissakin maksu (2016: 5 euroa). Joissakin osavaltioissa ja joillakin rataosuuksilla pyöränkuljetus on lähijunissa ruuhka-aikojen ulkopuolella maksutonta. Vastaavasti pyöränkuljetus saattaa olla kiellettyä aamu- ja iltapäiväruuhkan aikana. Vaikka pyörille sopivat osastot on merkitty pyörän kuvilla, niitä ei ole varattu yksinomaan pyörille: samoissa tiloissa kuljetetaan myös esimerkiksi lastenvaunuja ja pyörätuoleja. Suosituimmilla rataosuuksilla pyöräosastot voivat vilkkaimman matkailukauden aikana olla joskus niin täysiä, että pyörämatkailija joutuu odottamaan seuraavaa junaa.

Jos pyöränkuljetusmatka on erikoisen pitkä, hyvä vaihtoehto saattaa olla yöjuna. Deutsche Bahnin tytäryhtiön **CityNightLine**n (CNL) junissa on tilava polkupyöräosasto. Tietoja yöjunien reiteistä ja aikatauluista löytyy sivulta www.citynightline.de.

Saksan junaliikenteessä toimii Deutsche Bahnin lisäksi useita yksityisiä yrityksiä. Useimmat niistä hoitavat jonkin alueen lähiliikennettä, mutta muutamilla rataosuuksilla, kuten Hampurista Kölniin ja edelleen Frankfurt am Mainiin yksityinen yritys (www.hkx.de) toimii myös kaukoliikenteessä. Tällä reitillä kuljetetaan pyöriä (2016: 15 euroa), mutta paikka niille on varattava etukäteen.

Tandem- ja muita erikoispyöriä voi yleensä kuljettaa lähiliikenteen junissa, mutta ne eivät mahdu kaikkiin kaukoliikenteen juniin. Myös pyörän perävaunua varten on hankittava samanlainen lippu kuin pyörälle.

Matkalippu kannattaa, jos suinkin mahdollista, hankkia etukäteen joko netistä tai asemalta. Paikkalipun pyörälle voi ostaa aikaisintaan kolme kuukautta ennen matkan alkua. Jos junassa on tilaa, junan henkilökunnalta voi ostaa lipun vielä ennen junan lähtöäkin. Isoilla asemilla on automaattien lisäksi erityinen lipunmyyntiosasto, *Reisezentrum*. Vaikka rautatieasemille voi tulla pyörää taluttaen, Reisezentrumin tiloihin ei saa tuoda pyörää. Asemahalleissa sijaitsevien automaattien ääreen pääsee sen sijaan yleensä pyörää taluttaen. Opastetekstit ovat asemien automaateissa useilla kielillä, myös englanniksi. Lipunosto automaateista vie ensikertalaiselta runsaasti aikaa ja automaateilla esiintyy usein ruuhkia. Osa automaateista hyväksyy enintään 20 euron seteleitä, joten käteisellä maksettaessa kannattaa varata sopivaa rahaa mukaan.

Matkalippuun merkitty lähtöraide saattaa olla syystä tai toisesta vaihtunut, joten se on syytä tarkistaa rautatieaseman näyttötaulusta. Suurimmilla asemilla on yleensä käytettävissä hissejä tai rullaportaita. Lähtöraiteen yläpuolella olevasta raidenäytöstä kannattaa tarkistaa junan vaunujärjestys ja pyörävaunun pysähtymispaikka etukäteen, jotta voi siirtyä pyörän kanssa valmiiksi oikeaan kohtaan. Lähiliikenteen junien vaunujärjestystä ei kuitenkaan yleensä näytetä raidenäytössä, joten oikean vaunun löytämiseksi tulee tarkkailla vaunun ulkoseinillä näkyviä pyöränkuvia. Lähiliikenteessä pyöräosastot sijaitsevat useimmiten junan alku- tai loppupäässä.

Linja-autoliikenne kaukoreiteillä on lisääntynyt Saksassa viime aikoina nopeasti. Yhä useammat kaukoliikenteen bussit kuljettavat myös polkupyöriä. Pyöriä varten bussit on näillä linjoilla varustettu takatelineellä, jossa voidaan kuljettaa kerralla jopa viisi polkupyörää. Yleensä pyörälle on varattava paikka etukäteen. Lisätietoja bussien kaukoliikenteen tarjonnasta on sivuilla www.postbus.de, www.berlinlinienbus.de, www.deinbus.de ja www.meinfernbus.de.

Joillakin erityisen suosituilla pyöräilyalueilla, kuten esimerkiksi Rügenin saaressa, liikennöi kesäisin busseja, jotka on varustettu isoilla pyörienkuljetukseen suunnitelluilla perävaunuilla (www.rpnv.de/category/ruegen-erleben/c42-radzfatz/).

ITÄMEREN RANNIKON PYÖRÄREITTI

Ostseeküstenradweg

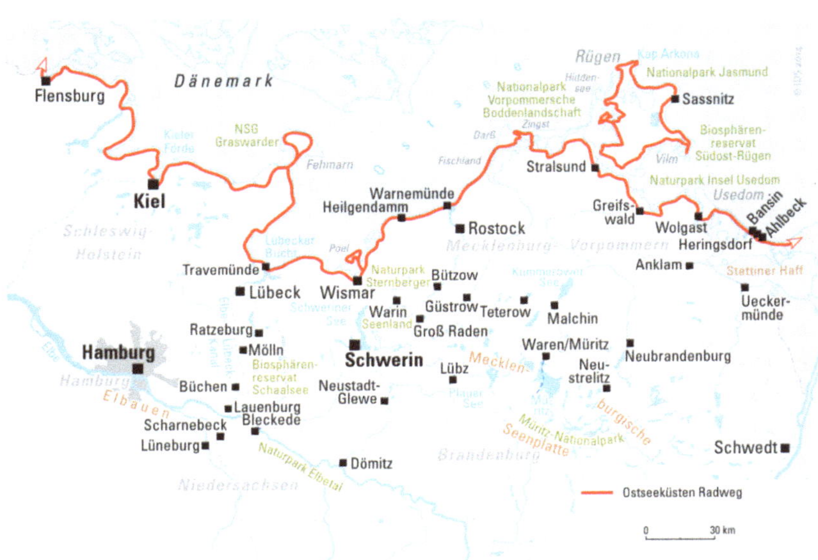

LÄNTINEN OSUUS: FLENSBURG–TRAVEMÜNDE

PITUUS: noin 360 km (+70 km mahdollisesta Fehmarnin saaren kiertoreitistä)

VAATIVUUSTASO: Pääosin helppo, alkumatkalla esiintyy jyrkkiäkin mäkiä

SAAVUTETTAVUUS: Joko laivalla Helsingistä Travemündeen tai lento Hampuriin. Jos pyörämatkan aloittaa Flensburgista, sinne voi matkustaa Travemündestä tai Hampurista junalla.

Tanskan rajalta Puolan rajalle ulottuva Itämeren rannikon pyöräreitti on runsaan 700 kilometrin mittainen. Jos sitä täydentää ajamalla viitoituksen mukaisen kierroksen Fehmarnin saaressa, matka pitenee noin 70 kilometrillä. Jos reittiin sisällyttää myös kierroksen Saksan suurimman eli Rügenin saaren ympäri, kokonaismatka kasvaa edelleen noin 300 kilometrillä. Vaikka näitä saarikierroksia ei huomioitaisi, jäljelle-

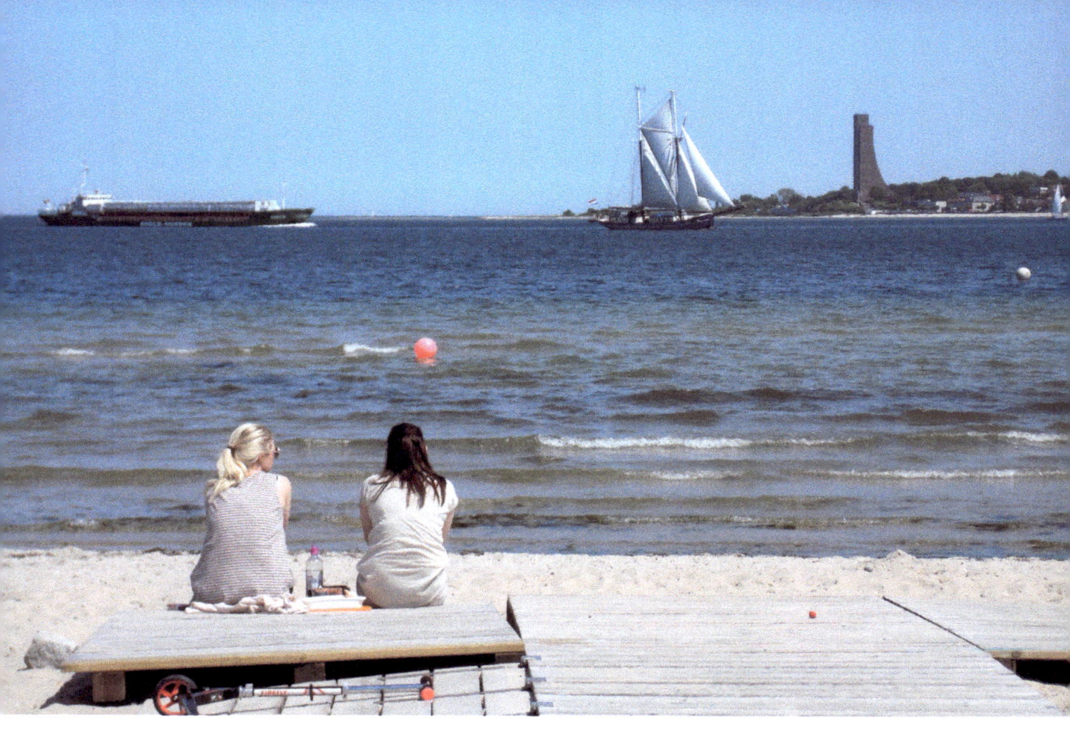

Kielin edustan merialueella riittää katseltavaa. Kielin lahden voi ylittää myös paikallisliikenteen laivoilla; ne kuljettavat myös polkupyöriä.

jäävä matka on silti niin pitkä, että vain harvoilla on mahdollisuus taittaa se yhden retken aikana. Siksi tämä pitkä pyöräreitti on seuraavassa jaettu kolmeen osuuteen: välietappeina ovat Lyypekin Travemünde ja Rostockin Warnemünde. Rügenin saarireitin kuvaus on omana lukunaan rannikkoa seuraavien reittiosuuksien jäljessä.

Reitti kulkee lähellä Itämeren etelärantaa, mutta polveilee toisin paikoin sisämaan puolelle. Suurin osa matkasta taitetaan asvaltoiduilla pyöräteillä, mutta myös sora- ja hiekkapintaisia osuuksia esiintyy. Kaupunkien ja isoimpien taajamien halki reitti kulkee useimmiten autoliikenteen seassa ajoradalla. Korkeuserot ovat pieniä, mutta siellä täällä esiintyy lyhyitä, jyrkkiäkin mäkiä. Itämeren rannikon pyöräilyreitti tunnetaan myös valtakunnallisena pitkän matkan pyöräilyreittinä (D2) ja se muodostaa Saksan osuuden koko Itämerta kiertävästä Hansareitistä (EuroVelo 10).

YLEISTÄ: Reittiosuus Flensburgista Travemündeen on sääolojen puolesta itäisiä alueita huonommassa asemassa: Atlantilta tulevat matalapaineet tuovat kahden meren välissä sijaitsevaan Schleswig-Holsteiniin usein tuulia ja sateita.

Reitin viitoitus on yhtenäinen ja selkeä. Matkan voi tehdä aivan yhtä hyvin päinvastaiseen suuntaan eli lähteä liikkeelle Travemündestä. Ajosuunnasta riippumatta reitille on viitoitettu useita lyhyitä vaihtoehtoisia osuuksia, koska rantaa seuraava reitti on paikoitellen hiekkainen ja soveltuu niillä osuuksilla huonosti kapearenkaisilla pyörillä ajettavaksi. Varsinkin Fehmarnin saaressa esiintyy rantavallien päällä ja vierellä lyhyitä taipaleita, joissa raskaasti lastatulla kapearenkaisella pyörällä on vaikea edetä. Nämä reittiosuudet ovat kuitenkin kierrettävissä, mutta vaihtoehtoista viitoitusta on silloin seurattava tarkasti.

Eteläisen Itämeren rannat ovat yleensä tasaisia ja matalia. Siellä täällä esiintyy kuitenkin jopa parinkymmenen metrin korkuisia rantatöyräitä, joista käytetään nimeä *Steilküste*. Reitin puolivälin paikkeilla, Weißenhäuser Brökin luonnonsuojelualueella, hiekka on paikoitellen kasautunut jopa 5–6 metriä korkeiksi dyyneiksi.

Kielin kaupunki sijaitsee syvälle sisämaahan ulottuvan merenlahden perukassa. Tämän lahden voi halutessaan ylittää kesäisin myös laivalla, jolloin poljettava matka lyhenee parikymmentä kilometriä.

Ruoka & juoma: Schleswig-Holsteinissa ruokakulttuuri on saanut vaikutteita Tanskasta. Niinpä Flensburgissa myydään kioskeissa samanlaisia punaisia makkaroita (*Pølser*) kuin Tanskassa.

Monin paikoin myytävät kalasämpylät (*Fischbrötchen*) ovat mainioita välipaloja. Niiden täytteenä on esimerkiksi matjessilliä, etikka- ja sipuliliemessä marinoitua *Bismarckhering*-silliä tai -lohta. Joskus sämpylän sisään voi valita myös katkaraputäytteen. Kalasämpylä on täällä niin keskeinen osa ruokakulttuuria, että toukokuun kolmas päivä on nimetty Schleswig-Holsteinissa ”maailman kalasämpyläpäiväksi” (*Weltfischbrötchentag*).

Erityisiä paikallisia kalaherkkuja ovat savustetut kilohailit (*Kieler Sprotten*). Ne muistuttavat ulkonäöltään ja maultaan suomalaisia savusilakoita, mutta täällä ne kypsennetään pyökin tai tervalepän savussa. Myös savustetut ankeriaat kuuluvat Pohjois-Saksan ruokaperinteeseen.

Lapskoussi *(Labskaus)* on jauhetusta naudan- tai sianlihasta ja perunasta valmistettu ruokalaji, joka tarjoillaan Itämeren etelärannikolla yleensä paistetun kananmunan, punajuuren, maustekurkun ja usein myös sillin kanssa.

Suosittu jälkiruoka on *Rote Grütze*. Sen valmistuksessa käytetään punaisia marjoja ja hedelmiä – useimmiten kirsikoita, viinimarjoja tai vadelmia – ja usein annos kruunataan kermalla tai vaniljakastikkeella.

Valmismatkat: Monet pyörämatkanjärjestäjät, kuten Die Mecklenburger Radtour, tarjoavat Flensburgin ja Travemünden väliselle reitille valmismatkoja, joihin sisältyvät

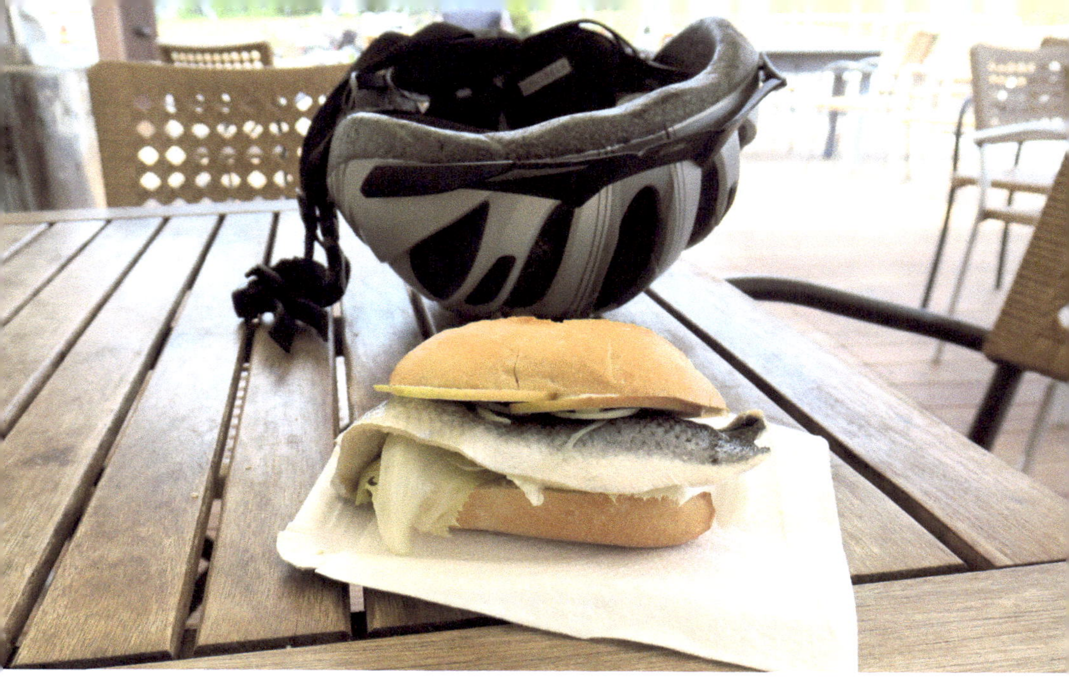

Fischbrötchen.

matkatavaroiden kuljetukset yöpymiskohteiden välillä. Myös opastettuja ryhmämatkoja järjestetään säännöllisesti.

Nähtävyyksiä ja käyntikohteita

Flensburg sijaitsee parikymmentä kilometriä pitkän merenlahden päässä, lähellä Tanskan rajaa. Itämeren rannikon pyöräilyreitti alkaa virallisesti Tanskan rajalta, Kupfermühlestä, mutta matkan voi yhtä hyvin aloittaa Flensburgin keskustasta. Reitille löytää rautatieasemalta, kun seuraa aluksi puolitoista kilometriä pohjoiseen päin *Ochsenweg*-pyöräreitin viitoitusta. Itämeren rannikon pyöräreitti johtaa kaupungin keskustasta lahden itäpuolta. Ennen pyöräilyosuuden aloittamista kannattaa kuitenkin käydä myös merenlahden länsipuolella, sillä siellä on Flensburgin vanhakaupunki ja vilkas kävelykatu. Täällä on myös Flensburgin tunnetuin maamerkki, 1500-luvun lopulla rakennettu kaupunginportti (*Nordertor*).

Flensburgin vanha kaupunginosa on paras paikka kaupungin omaleimaiseen olutkulttuuriin tutustumiselle: paikallinen olut myydään edelleen pulloissa, joissa on posliini-

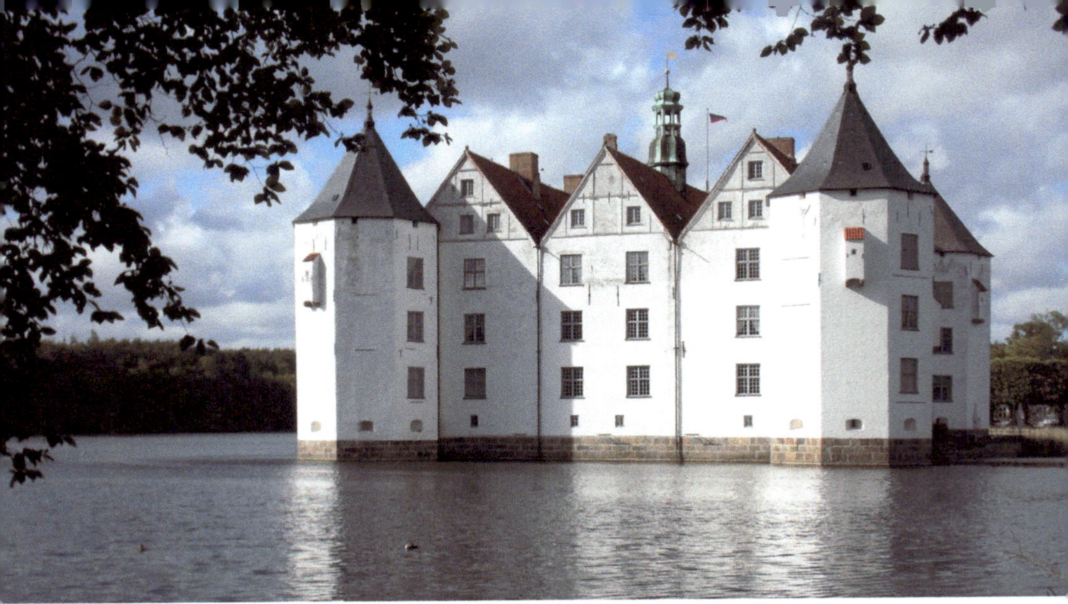

Tanskaa ja osia nykyisestä Pohjois-Saksasta on ajoittain hallittu Glücksburgin linnasta.

nen patenttikorkki. Saatavana on myös alkoholitonta olutta sekä oluen ja limonadin sekoitusta eli *Radler*ia. Se sopii alhaisen alkoholiprosenttinsa puolesta hyvin pyöräilijöille, mihin sen nimikin viittaa.

Flensburg oli 1700-luvulla Tanskan Länsi-Intian laivaston satama. Tärkeimpiä tuontiartikkeleita olivat tuolloin sokeri ja rommi. Kaupunginlahden länsirannalla on merenkulkumuseo, jonka kellarissa on rommin tislauksesta ja rommikaupasta kertova osasto.

Autoileville saksalaisille Flensburg tuo mieleen ikäviä asioita, sillä täällä on virasto, jossa pidetään kirjaa kaikkien Saksassa liikennerikkomuksiin syyllistyneiden edesottamuksista; "Flensburgin pisteitä" koituu niin ylinopeudesta kuin väärin pysäköinnistäkin. Jos pisteitä on kertynyt liikaa, otetaan ajokortti määräajaksi pois. Pyöräilijöiden on hyvä tietää, että samaa rangaistusta voidaan soveltaa myös kaksipyöräisellä kulkeviin: auton ajokortti voidaan ottaa pois myös polkupyöräilijältä, joka syyllistyy törkeään tankojuoppouteen!

Vain parinkymmenen kilometrin päässä Flensburgista reitille näkyy pienen järven vastarannalla veden ympäröimä Glücksburgin linna (www.schloss-gluecksburg.de). Se on Schleswig-Holsteinin osavaltion tunnetuin matkailunähtävyys. Kolmikerroksisessa linnassa on museo, sen pohjakerroksessa kappeli ja linnanpuistossa laaja ruusutarha.

Tämän jälkeen reitin varrella on tuon tuostakin puu- ja pensaskujia, joita kutsutaan nimellä *Knicks*. Niitä alettiin istuttaa laitumien ja peltojen rajamerkeiksi ja toisaalta polttopuiden kasvattamiseksi 1700-luvun lopulla. Nykyisin näitä puukujia arvostetaan luonnonsuojelullisista syistä: ne tarjoavat monille eliölajeille suojaisan ympäristön.

Vähän ennen Kappelnia, Schwackendorfin kylässä, on erikoinen matkailukohde: täällä voi nimittäin kokeilla, miltä tuntuu kävellä paljain jaloin erilaisilla alustoilla – esimerkiksi hyllyvällä suolla tai käpyjen peittämää polkua pitkin. Lisätietoja: www.barfusspark-schwackendorf.de.

Kappelnin kaupungin maamerkki on hollantilaistyylinen tuulimylly "Amanda". Alun perin se oli viereisen sahan voimanlähde, nyt sahaa esitellään teknisenä muistomerkkinä. Myllyyn on sijoitettu kaupungin matkailuneuvonta ja sen ylätasanteelle saa kiivetä maisemia katsomaan. Kappelnissa reitti johtaa kapean Schlei-nimisen merenlahden yli. Se näyttää joelta, mutta on syvälle sisämaahan ulottuva lahti.

Kappelnissa vaalitaan myös seudun ikivanhoja kalastusperinteitä: Schlein yli johtavan sillan vieressä on erikoinen kalanpyydys: lahden pohjaan on juntattu vierekkäin satoja paaluja, joiden välissä on oksista punottu verkko. Lahdella uivat kalat ohjautuvat sen avulla vähitellen kapenevan pyydyksen nieluun ja lopulta sen jatkeena olevaan rysään. Tällaisilla pyydyksillä kalastettiin keväisin matalikoille kutemaan tulevia sillejä. Parhaimmillaan Schlein lahdella oli 1600-luvun puolivälissä jopa 38 tällaista silliaitausta. Kappelnin nykyinen silliaitaus on ainutlaatuinen koko Euroopassa; sen arvioidaan olevan yli 500 vuotta vanha.

Pyöräreitti jatkuu Kappelnista pitkin Itämeren rantaa. Tekemällä lyhyen ylimääräisen lenkin voi pistäytyä Saksan pienimmässä kaupungissa: Arnis sijaitsee vajaan viiden kilometrin päässä Schlein varrella. Arnis syntyi 1600-luvulla, kun osa Kappelnin asukkaista muutti sinne maaorjuutta pakoon; kaupunkioikeudet Arnis sai kuitenkin vasta 1934. Vaikka Arnisissa on nykyisin vain kolmisensataa asukasta, siellä on oma kirkko, raatihuone, neljä ravintolaa – ja kolme pientä veneveistämöä. Arnisista voi palata takaisin Itämeren rannikon pyöräreitille Schlein yli liikennöivällä pienellä lossilla ja suunnistamalla sen jälkeen suoraan itään kohti Itämeren rantaa.

Ostseebad Dampin jälkeen reitti kääntyy hetkeksi sisämaahan päin palatakseen jälleen rantaan Eckernfördessä. Tänne saavuttaessa reitin oikealla puolella on 1100-luvun jälkipuolella rakennettu Borbyn kirkko. Borbyn kaupunginosasta siirrytään Eckernförden satamaan ja vanhaan kaupunkiin pientä puista läppäsiltaa pitkin. Eckernförde oli 1900-luvulle asti merkittävä kalastussatama, joka tunnetaan nykyisinkin kalansavustamoistaan. Myös *Kieler Sprotten* eli savustetut kilohailit ovat nimestään huolimatta täältä kotoisin. Täällä savustetut kilohailit lähetettiin aikoinaan Eckernfördestä junalla Kieliin ja väärinkäsitys tämän tuotteen alkuperästä johtui siitä, että niiden lähetyslaatikkoihin oli kirjoitettu määränpää, Kiel. Eräällä Eckernförden kapealla kujalla selviää sekin, kuinka paikalliset asukkaat "osasivat tehdä hopeasta kultaa": hopeakylkiset kilohailit kypsyivät pyökin savussa kullankeltaisiksi.

Eckernfördessä sijaitsevassa Itämeren infokeskuksessa (www.ostseeinfocenter.de) esitellään Itämeren asukkaita, niin kaloja, lintuja kuin esimerkiksi Itämeren eteläosissa esiintyviä pyöriäisiäkin.

Eckernförden jälkeen reitti jatkuu itään paikoitellen kumpuilevassa maastossa ja kääntyy sitten etelään. Kielin lahden länsirannalla sijaitsee Schilksee, jossa järjestettiin vuoden 1972 olympialaisten purjehduskilpailut. Nyt täällä on eräs Itämeren suurimmista venesatamista.

Pyöräreitin poljettavaa osuutta voi halutessaan lyhentää oikaisemalla Kielin lahden yli: Schilkseestä ja sen läheltä liikennöi kesäkaudella myös polkupyöriä kuljettava laiva lahden vastarannalle Möltenortiin ja Laboeen. Tämä laiva kulkee päivisin noin tunnin välein ja sen kyydissä voi toisaalta jatkaa myös Kielin keskustaan, rautatieaseman lähelle asti. Jos matkustaa Friedrichsortista Möltenortiin, pyöräiltävä matka lyhenee noin 20 km, mutta sekä Kielin kanavan sulkuportit että Kielin keskusta jäävät siinä tapauksessa näkemättä.

Friedrichsortin jälkeen tullaan Holtenauhun, joka on lähes 100 kilometriä pitkän Kielin kanavan eli *Nord-Ostsee-Kanal*in Itämeren puoleinen päätepiste. Pyöräreitti johtaa maantiesillan itäpuolelle, josta kanavan yli pääsee lautalla. Se liikennöi päivisin neljännestunnin välein. Kanavan sulkuporttien jälkeen reitti kulkee kuuluisan *Tirpitzhafen*-sataman vierestä. Se on saanut nimensä Saksan keisarikunnan laivaston suuramiraali Alfred von Tirpitziltä. *Tirpitzhafen* on nykyisinkin Saksan sotalaivaston satama ja samalla purjekoululaiva Gorch Fock II:n kotisatama. Sen edeltäjä Gorch Fock I palveli niin ikään koululaivana ja on nykyisin museoaluksena Stralsundissa, Itämeren rannikon pyöräreitin itäisimmän osuuden varrella.

Kielin nähtävyyksiä ovat muun muassa Akvaario hyljealtaineen (*Aquarium GEOMAR*) ja merenkulkumuseo (*Kieler Schifffahrtsmuseum*). Kielin keskustassa laajalle näkyvä maamerkki on raatihuoneen 106 metriä korkea torni. Kielin lahdella liikkuu laivoja tiheään tahtiin, sillä Kielin kanavan kautta kulkevien alusten lisäksi täältä kulkee matkustajalaivoja Osloon ja Göteborgiin.

Kielin keskustasta reitti kääntyy jyrkästi ja kulkee seuraavat parikymmentä kilometriä lahden vastakkaisella rannalla. Korkea kivipaasi, jota koristaa suurikokoinen kotka, muistuttaa Möltenortissa sukellusvenesodan uhreista. Vain vähän etäämpänä Laboessa on vielä monin verroin kookkaampi sotalaivaston muistomerkki, joka näkyy jo pitkän matkan päästä Kielin lahtea lähestyttäessä. Se valmistui 1936 ja on nykyisin omistettu paitsi molemmissa maailmansodissa menehtyneiden Saksan laivaston sotilaiden myös kaikkien meren uhrien muistoksi, kansallisuudesta riippumatta. Tämän yli 70 metriä korkean muistomerkin laella on näköalatasanne ja sen pohjakerroksessa näyttelyhalli. Muistomerkkialueella on lisäksi toisen maailmansodan aikainen museoitu sukellusvene U 995.

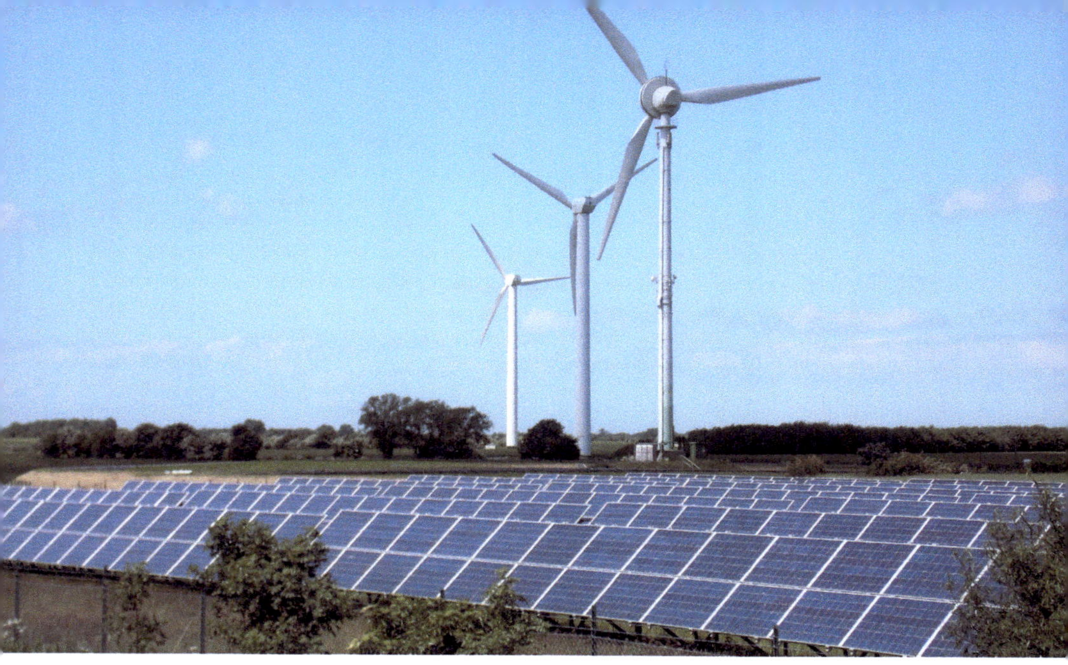

Fehmarnissa tuotetaan uusiutuvaa energiaa moninkertaisesti enemmän kuin saaressa kulutetaan.

Laboen jälkeen reitin varrella on luonnonsuojelualueita ja kaksi uimarantaa, jotka poikkeavat muista rannoista lähinnä epätavallisten nimiensä perusteella: ”Kalifornien” ja ”Brasilien”. Niiden jälkeen tullaan rannalle nimeltä Schönberger Strand. Täällä on kiskoliikennettä esittelevä museo, jonka pihamaalla ja lähiympäristössä pääsee ajelemaan Hampurin, Kielin ja Hannoverin entisillä raitiovaunuilla. Lisäksi pieni museojuna kulkee kesäviikonloppuisin Schönbergin rannalta kunnan keskustaajamaan.

Seuraava erikoisuus löytyy Weißenhäuser Strandin alueelta: hiekka on täällä kasautunut jopa kuuden metrin korkuisiksi dyyneiksi. Seuraavassa reitin varrella sijaitsevassa kaupungissa, Oldenburgissa, on alueen slaavilaista esihistoriaa esittelevä museo.

Oldenburgista reitti jatkuu Heiligenhafeniin, jossa rantaelämän keskipisteenä on 440 metriä pitkä merilaituri. Tämän laiturin erikoisuus on auringonottoon tarkoitettu tuulilta suojaava lasiseinäinen lounge. Laiturilta ja rannalta näkyy etäällä silta, joka johtaa Fehmarnin saareen.

Heiligenhafenin torilla kannattaa tutkia lähemmin *Maibaum*-salkoa. Se muistuttaa etäisesti pohjoisemmalta Itämereltä tuttua juhannussalkoa, mutta pystytetään jo vappuna ja saa seistä paikoillaan alkusyksyyn asti. Heiligenhafenin *Maibaum* on varustettu infotekstillä, jossa selostetaan salon koristeiden ja kiinteiden osien vertauskuvallinen merkitys; tällaisia salkoja on pystytetty jo 1500-luvulla. Heiligenhafenin *Maibaum* on kaupungin käsityöläisten pystyttämä ja sen koristeena on eri ammattikuntien kilpiä.

Pyöräreitti jatkuu Lütjenbrodeen, josta tulee kääntyä etelään, mikäli ei halua poiketa Fehmarnin saaressa. Fehmarniin ajettaessa reitti jatkuu koilliseen pistävälle niemelle Großenbrodiin ja kääntyy sen jälkeen saareen johtavalle sillalle. Fehmarn on hyvien sääolojen ansiosta erittäin suosittu lomanviettokohde: tilastojen mukaan aurinko paistaa Fehmarnissa selvästi enemmän kuin mantereella. Pyörämatkailijan kannalta Fehmarn ei ole aivan ongelmaton kohde, sillä saaren pyörätiet ovat paikoitellen heikkokuntoisia. Saarta kiertävä pyöräreitti kulkee pitkiä matkoja rantavallin päällä, jossa on käytettävissä vain kapea, pehmeäpintainen polkua muistuttava ura. Saaressa on paljon lampaita ja siksi myös lukuisia pyöräilyä hidastavia portteja; laidunalueella jokaisen kulkijan on ehdottomasti suljettava veräjät perässään.

Fehmarnin tunnetuimpia matkailunähtävyyksiä ovat saaren suurimmassa asutuskeskuksessa Burgissa sijaitseva valtameriakvaario koralleineen ja haikaloineen (www.meereszentrum.de) ja Burgstaakenin sataman sukellusvene (www.ostsee-u-boot.de).

Fehmarnin pohjoislaidalta Puttgardenista on junalauttayhteys Tanskan Rødbyhyn. Jättämällä Fehmarnin saaren kiertämättä voi lyhentää Flensburgin ja Travemünden välistä matkaa noin 70 kilometriä.

Lyypekin lahtea lähestyttäessä pyöräreitti johtaa monen lähekkäin sijaitsevan kylpyläpaikkakunnan kautta: Dahmessa on korkeita rantatöyräitä ja Dahmeshövedin näkötornina palveleva majakka, Kellenhusenissa pitkä laituri, ja Grömitzissä peräti neljän kilometrin mittainen rantapromenadi. Grömitzin pitkän merilaiturin kärjessä on gondoli, jonka avulla voi sukeltaa tutkimaan Itämerta pinnan alta (www.tauchgondel.de). Gondolisukellus vie noin neljän metrin syvyyteen ja kestää 40 minuuttia. Koska näkyvyys vaihtelee säätilan ja vuodenaikojen mukaan, sukelluksen aikana esitetään varmuuden vuoksi myös kolmiulotteinen filmi Itämeren elämästä.

Neustadt on reitin seuraava pikkukaupunki, jonka nimi – suomennettuna "Uusikaupunki" – johtaa kokolailla harhaan. Neustadt sai kaupunkioikeudet nimittäin jo vuonna 1244. Sataman, mukulakivettyjen kujien ja monien vanhojen rakennusten ansiosta Neustadt on suosittu päiväretkikohde. Pyörämatkailijat on otettu Neustadtissa esimerkillisesti huomioon: kaupungin keskustassa on teräsverkosta tehtyjä lukittavia häkkejä (*Fahrradbox*), joihin pyörä mahtuu matkatavaroineen.

Sierksdorfissa pyöräreitin varrella on eräs Saksan suurimmista huvipuistoista, Hansa-Park. Sen sisäänkäyntiaukiolla kannattaa käydä, vaikka ei vierailisikaan huvipuistossa. Tänne on rakennettu monia tunnettuja rakennuksia isokokoisina jäljitelminä, muun muassa Lyypekin Holstentor. Sierksdorfista alkaen rantaa reunustavat lähes yhtäjaksoisesti majoitusliikkeet, ravintolat ja muut matkailuyritykset. Sama jatkuu Scharbeutzissa, jossa on myös pitkälle merelle yltävä laituri. Timmendorfer Strandissa maisemaa hallitsee 32-kerroksinen Maritim-hotelli. Timmendorfin päänähtävyys on Sea Life-meriakvaario (www.visitsealife.com).

Vähän ennen Travemündeä pyöräreitti johtaa metsäiselle Brodtenin alueelle. Täällä on korkea rantatörmä, josta sortuu osia joka vuosi mereen myrskyjen ja rankkasateiden seurauksena. Rannan tuntumassa on myös perinteikäs retkikohde, Hermannshöhen ravintola. Kun reitti siirtyy metsästä asutulle alueelle, näkyviin tulee Travemünden Maritim-hotelli, joka on Timmendorfer Strandin hotellikolossiakin korkeampi: siinä on 35 kerrosta ja hotellin katolla sitä paitsi vielä majakka.

Itämeren rannikon pyöräreitin läntisen osuuden päätteeksi kannattaa käydä ainakin kahdessa Travemünden nähtävyyskohteessa: vanhassa majakassa ja purjelaiva Passatissa.

Travejoen suuta vartioiva tukeva punatiilinen majakkarakennus valmistui jo vuonna 1539 ja on siten Saksan vanhin majakka. Eläkepäiviä viettämään se pääsi vasta 1972, kun majakan valo alkoi vilkkua edellä mainitun Maritim-hotellin katolta.

Jokaisen suomalaisen matkailijan tulisi tutustua Travejoen vastarannalla lepäävään nelimastoparkki Passatiin. Näin siksi, että Passat kuului 1932–47 ahvenanmaalaiselle Gustaf Eriksonille, joka kuljetti purjelaivoilla rahtia muita pitempään ja omisti lopulta maailman suurimman purjelaivaston. Passat laskettiin vesille jo vuonna 1911, mutta vasta Gustaf Eriksonin kaudella Passatista tuli maailmankuulu: se voitti neljä kertaa ”Vehnäregatan” eli suurten purjelaivojen ”The Grain Races” -kilpailun siitä, mikä alus toi nopeimmin vehnälastin Australiasta Englantiin. Passatin laituripaikka on Priwallin niemessä Travejoen vastarannalla. Joen yli pääsee lautoilla, jotka liikennöivät päivisin kymmenen minuutin välein.

Travemündestä on hyvät junayhteydet Lyypekkiin: Finnlinesin laivojen laiturin lähellä sijaitseva asema on nimeltään Travemünde Skandinavienkai. Pysäkillä ei ole henkilökuntaa, mutta sen lippuautomaatista voi ostaa kaikki tarvittavat junaliput. Vaikka tarvittavat ohjeet löytyvät automaatin näytöltä monilla kielillä – myös englanniksi – lipunostoon kannattaa varata runsaasti aikaa.

Niitä, jotka jatkavat Travemündestä lyhintä reittiä pyöräillen kaupungin keskustaan Lyypekkiin, odottaa puolimatkassa yllätys: Travejoen alitse johtaa 800 metrin pituinen tunneli (”Herrentunnel”), mutta sen läpi ei saa ajaa pyörällä. Lyypekkiin johtavaa pyörätietä seuraavat pyöräilijät – ja jalankulkijat – ohjataan Siems-nimiselle bussipysäkille, josta kulkee neljännestunnin välein bussi joen vastarannalle. Tunnelin kautta liikennöivät bussit on suunniteltu pyörien kuljetukseen sopiviksi ja matkustus on tällä välillä maksutonta. – Travemündestä johtaa myös toinen, Bad Schwartaun kautta kulkeva pyörätie Lyypekin keskustaan. Tämän reitin varrella on suuri elintarvikealan yritys, Schwartauer Werke, jonka hilloja ja marmeladeja myydään Suomessakin.

KESKIOSUUS: TRAVEMÜNDE–WARNEMÜNDE

PITUUS: noin 150 km

VAATIVUUSTASO: Helppo.

SAAVUTETTAVUUS: Laivalla Helsingistä Travemündeen tai lento Hampuriin ja sieltä junalla Lyypekin kautta Travemündeen.

YLEISTÄ: Pyörämatkan Travemündestä Warnemündeen voi toteuttaa muutamassa päivässä. Tällä Itämeren rannikon keskiosuudella saa silti hyvän kokonaiskuvan Saksan Itämeren rannikosta, sillä reitin varrella on pitkiä hiekkarantoja, jyrkkiä rantatöyräitä, perinteisiä ruokokattoisia taloja, monia kylpyläpaikkakuntia houkuttelevine rantapromenadeineen ja – varsinkin Wismarissa – hienosti entisöityjä rakennuksia hansakaupan kukoistuskaudelta.

RUOKA & JUOMA: Kalaa saa täällä, kuten Itämeren etelärannikolla yleensäkin, monessa muodossa – niin välipalana kuin pääruokanakin. Monet kalaravintolat ovat kalastajien perheyrityksiä. Erinomainen ruokakala on esimerkiksi punakampela (*Scholle, Maischolle*), mutta myös ankerias (*Aal*) on korkealle arvostettu herkku. Itämeren eteläosiin virtaa varsinkin myrskyjen aikana Tanskan salmien kautta Atlantin suolaista vettä. Siksi näissä vesissä viihtyy myös turska (*Dorsch*), ja sitä onkin usein saatavana rannan kalaravintoloissa. Silliä (*Hering*) syödään sekä sämpylöiden välissä että esimerkiksi paistettujen perunoiden kera.

Tyrniä kasvaa varsinkin Mecklenburgin pohjoisosan hiekkadyyneillä. Paikallisia erikoisuuksia ovat siksi tyrnimehut, -liköörit ja tyrnitee.

Samat ruuat ovat suosittuja sekä Mecklenburg-Etupommernissa että Schleswig-Holsteinissakin (niistä lähemmin Flensburg-Travemünde-osuuden yhteydessä).

VALMISMATKAT: Tämä reittiosuus sisältyy monien pyörämatkanjärjestäjien ohjelmaan, usein markkinoidaan myös Stralsundiin asti ulottuvia pyörämatkoja. Osa matkoista alkaa Lyypekin keskustasta, osa Travemündestä. Lisätietoja löytyy esim. sivuilta www.mecklenburger-radtour.de, www.rueckenwind.de ja www.velociped.de.

Nähtävyyksiä ja käyntikohteita

Reitille on suora yhteys Helsingistä: kun Finnlinesin laivat saapuvat Travemündeen, ne ohittavat vähän ennen Skadinavienkai-laituriin kiinnittymistä paikan, josta lautat liikennöivät tiheään tahtiin Travejoen vastarannalle. Rostockin suuntaan johtavalle reitille pääsee siten siirtymällä laivaterminaalista ensin pari kilometriä kohti Travemün-

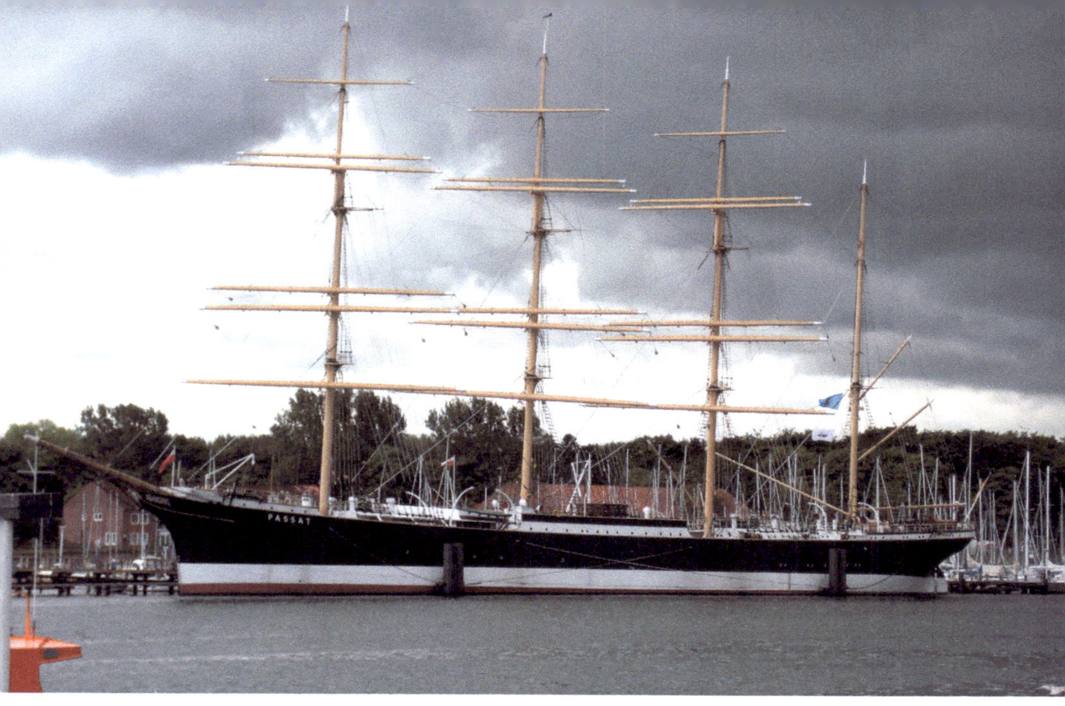

Nelimastoparkki Passat kuului 1932–47 ahvenanmaalaisen Gustaf Eriksonin laivastoon. Nyt siihen voi tutustua Travemündessä.

den keskustaa ja jatkamalla sieltä lautalla joen itäpuolelle, Priwallin niemeen. Heti lauttamatkan jälkeen edessä on nelimastoparkki Passat, josta on lisätietoja Flensburg-Travemünde -jakson lopussa. Runsaan kilometrin pyöräilyn jälkeen reitti johtaa Schleswig-Holsteinista Mecklenburg-Etupommerin osavaltioon, entisen DDR:n alueelle.

Priwallin hiekkarantojen ja vapaa-ajan asunnoista koostuvan taajaman jälkeen reitti johtaa avoimelle niittyalueelle ja sen jälkeen varjoiseen lehtimetsään. Aivan reitin vieressä on parin kilometrin välein vartioimattomia uimarantoja. Rannalle vievien lyhyiden polkujen päissä on opastetauluja, tukevia pyörätelineitä, paikoitellen myös vessoja. Dyynien suojelemiseksi rannoille mentäessä tulee käyttää ainoastaan näitä polkuja (*Strandzugang*). Pyörän voi halutessaan lukita telineeseen, vaikka täällä ei juuri tarvitse pelätä varkauksia.

Runsaan kymmenen kilometrin päässä Priwallista reitin vieressä on risti. Sen äärellä on pieni muistomerkki kertomassa Cap Arkona- ja Thielbek-nimisten laivojen tuhoamisesta. Nämä alukset upotettiin Lyypekin lahdella juuri ennen toisen maailmansodan loppua, jolloin jopa 7000 keskitysleirivankia menetti henkensä.

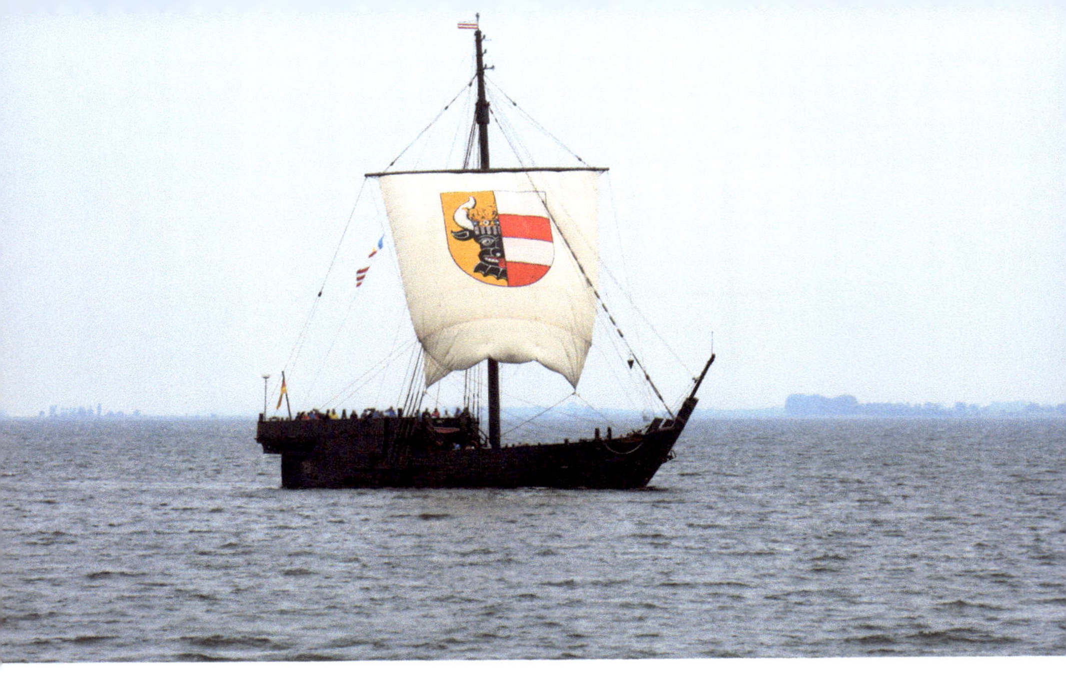

Poelin saaren läheltä löytyneen hylyn mallin mukaan rakennettu koggi Wissemara vie matkailijoita päiväpurjehduksille Wismarin vanhasta satamasta.

DDR:n aikana nykyisen pyöräreitin paikkeilla oli *Kolonnenweg*, jota pitkin sotilaat siirtyivät vartiopaikoilleen. Pätkä tästä betonilaatoilla päällystetystä tiestä ja siitä kertova infotaulu muistuttaa nykypäivän pyöräilijöitä alueen karusta menneisyydestä.

Kun pyörätie vaihtuu vähän leveämmäksi pikkutieksi ja kääntyy sisämaahan päin, reitti ylittää Boltenhagenin kylpyläpaikkakunnan rajan. Täällä tien varressa on *Radlerpension & Café*, erinomainen esimerkki pyörämatkailijoita palvelevista majoitusliikkeistä. Vähän ennen Boltenhagenin taajamaa pyöräreitti johtaa näköalapaikalle, korkean rantatöyrään tuntumaan.

Boltenhagen on Itämeren rannikon toiseksi vanhin kylpyläpaikkakunta, tänne tultiin kylpemään jo 1800-luvun alussa. Boltenhagenin hiekkaranta on lähes viiden kilometrin pituinen, sen keskeinen kokoontumispaikka on pitkä *Seebrücke*-laituri. Boltenhagenin jälkeen reitti kaartaa Wohlenbecker Wiek-nimisen merenlahden rannalle. Hyvien tuuliolosuhteidensa ansiosta tämä ranta on niin purjelautailijoiden kuin leijan perässä kiitävien huimapäidenkin suosikkikohde.

Wohlenberger Wiekin jälkeen reitti kulkee kymmenisen kilometriä kauempana rannasta, mutta palaa veden äärelle viisi kilometriä ennen Wismarin keskustaa.

Wismarin kauppiaat vaurastuivat Hansaliiton kukoistuskaudella 1300- ja 1400-luvuilla ja pystyttivät toinen toistaan komeampia arvorakennuksia. Wismarin vanhakaupunki on siksi, yhdessä Stralsundin vanhankaupungin kanssa, UNESCOn maailmanperintökohde. Kaupungin merkittävimpiä nähtävyyksiä ovat sen kolme suurta kirkkoa: St. Georgen, St. Nikolai ja St. Marien; viimeksi mainitusta on sodan jäljiltä pystyssä tosin enää sen 80 metriä korkea torni.

Wismarille tunnusomaisiin rakennuksiin kuuluu 1500-luvun lopulla rakennettu *Wasserkunst* -paviljonki torin kulmassa. Sinne johdettiin vesi puuputkissa ja se palveli wismarilaisten kaivona 1800-luvun loppupuolelle asti. Wismarin nähtävyyksiin lukeutuu myös talo, joka on – ainakin sen seinään kiinnitetyn muistolaatan mukaan – Klaus Störtebekerin syntymäkoti. Tämä pelätty merirosvo ryösteli laivoja jo 1300-luvun lopulla, joten aivan täyttä varmuutta hänen syntymäpaikastaan ei kuitenkaan ole.

Wismarin vanhan sataman kautta kuljetettiin keskiajalla puutavaraa, suolaa, kalaa, mausteita, viinejä, turkiksia ja muita kauppatavaroita. Nyt satamassa näkyy enimmäkseen matkailijoita kuljettavia huvialuksia. Se on myös *Wissemara*-purjealuksen kotisatama. Wissemara on Poelin saaren läheltä löydetyn hylyn mallin mukaan uudelleen rakennettu, kooltaan ja rakenteeltaan hansakauppiaiden *koggi*-laivojen kaltainen 1700-luvun lopun purjelaiva. Jos sitä ei näy satamassa, se on todennäköisesti matkailun palveluksessa eli päiväpurjehduksella.

Pian Wismarin jälkeen reitiltä haarautuu tie mantereen kyljessä sijaitsevaan Poelin saareen. Sen matalilla rannoilla on laajoja ruovikkoja ja suolakasvien peittämiä niittyjä. Poelissä on kymmenkunta pientä kylää, joiden asukkaat saivat aikaisemmin toimeentulonsa kalastuksesta. Nykyisin tärkein elinkeino on täälläkin matkailu.

Poelin saaren pohjoispuolella on korkeita rantatöyräitä. Rerikin kylpylän jälkeen seuraava maamerkki on parin kilometrin päässä Itämeren rannasta sijaitseva Bastorfin majakka. Sillä on tärkeä tehtävä: se varoittaa "Hannibaliksi" kutsutusta hiekkasärkästä, joka uhkaa Wismarin lahdelle pyrkiviä aluksia. Vaikka Pohjois-Saksa on pääosin alavaa seutua, Mecklenburgin rannikolla on jopa yli sata metriä korkeita harjanteita. Bastorfin majakkakin on pystytetty kukkulalle, joka on lähes 80 metriä merenpinnan yläpuolella.

Seuraava kylpyläpaikkakunta reitin varrella on Rerik. Sen lounaispuolella sijaitseva pitkä niemi oli 1990-luvun alkuun asti sotilasaluetta. Koska täältä on vielä viime aikoinakin löytynyt ammuksia, aluetta ei ole voitu avata matkailijoille.

Läheinen Kühlungsborn sen sijaan on hiekkarantansa ansiosta erittäin suosittu kylpylä. Rannan kävelykatu, *Strandpromenade*, on yli kolmen kilometrin mittainen. Se on varattu jalankulkijoille, pyörätie kulkee samansuuntaisena vähän etäämpänä rannasta.

Kühlungsbornin 1990-luvulla uudelleen rakennetun laiturin lähellä on DDR:n ajalta säilynyt, nyt museoksi muutettu vartiotorni. Vaikka ei osuisi paikalle museon aukioloaikana, kannattaa pysähtyä sen pihamaalle tutkimaan opastetauluja: noin 5600 DDR:n kansalaista yritti vuosina 1961–89 paeta meren yli länteen uimalla, kumiveneillä, kanooteilla ja muilla laitteilla. Heistä noin 900 pääsi tavoitteeseensa, yli 4500 epäonnistui, pidätettiin ja joutui vankilaan – ja ainakin 174 menetti pakoa yrittäessään henkensä.

Itämeren rannikon pyöräreitti jatkuu Kühlungsbornista rannan tuntumassa kohti Heiligendammia. Kühlungsbornista voi kuitenkin siirtyä Heiligendammiin (noin 9 km) tai Bad Doberaniin (15,5 km) asti myös höyryveturin vetämän *Molli*-junan kyydillä. Tämän kapearaiteisella radalla liikennöivän pikkujunan tavaravaunuissa kuljetetaan myös polkupyöriä. Jos jatkaa Mollin kyydillä Bad Doberaniin asti, kannattaa ehdottomasti käydä myös sen kirkossa, joka on eräs goottilaisen tiilirakennustaiteen huippusaavutuksista Pohjois-Saksassa. Rockmusiikin ystäville Bad Doberanissa on erityinen kohde, Frank Zappan pronssiin valettu rintakuva. Tämä pieni patsas muistuttaa siitä, ettei musiikki tunne rajoja: yhdysvaltalaisella muusikko-säveltäjä-laulaja Frank Zappalla (1940 –1993) oli DDR:ssäkin vankka kannattajakuntansa.

Bad Doberanista Heiligendammiin johtaa junareitin vieressä lehmusten yhtäjaksoisesti reunustama puistotie. Vilkkaan autoliikenteen vuoksi sitä ei voi suositella pyöräilijöille, mutta tätä ”vihreää tunnelia” kannattaa käydä katsomassa.

Heiligendammiin perustettiin ensimmäinen kylpylaitos jo 1700-luvun lopulla, joten se on Saksan vanhin merikylpylä. Se sai jo kauan sitten lempinimen ”Valkoinen kaupunki meren rannalla”. DDR:n aikana kylpylän rakennukset kuitenkin rappeutuivat ja Heiligendammia alettiin pilkata ”Harmaaksi kaupungiksi meren rannalla”. Saksojen yhdistymisen jälkeen sen keskipisteenä oleva *Grand Hotel* ja koko kylpyläalue palautettiin entiseen loistoonsa. Vuonna 2007 siellä järjestettiin G8-teollisuusmaiden huippukokous.

Nienhagenissa reitti johtaa kummitusmetsäksi kutsutun alueen halki; nimi johtuu siitä, että Itämeren navakat tuulet ja suolapitoinen ilma ovat muotoilleet täällä kasvavat pyökit aavemaiseksi metsiköksi.

Reitin päätepiste lähestyy, kun näkyviin tulee Warnemünden korkea Neptun-hotelli. Warnemünden suosituimpia käyntikohteita ovat näkötornina palveleva vanha majakka, *Alter Strom* -kävelykatu ja sen jatkeena oleva yli puolen kilometrin pituinen satama-aallonmurtaja. Tuulisella säällä tälle aallonmurtajalle ei tosin ole pärskeiden vuoksi asiaa. Warnowjoen keskimmäisen aallonmurtajan kärjessä on Warnemünden uudehko kiistelty maamerkki, kullattu naisfiguuri ”Esperanza”.

Warnemünde kuuluu Rostockin kaupunkiin, mutta kaupungin keskustaan on täältä matkaa parikymmentä kilometriä. Matka keskustaan taittuu nopeasti *S-Bahn*- tai tavallisilla junilla. Warnemündeen liikennöi myös Finnlinesin laivoja Helsingistä. Ne kuljettavat nykyisin kuitenkin vain rahtia.

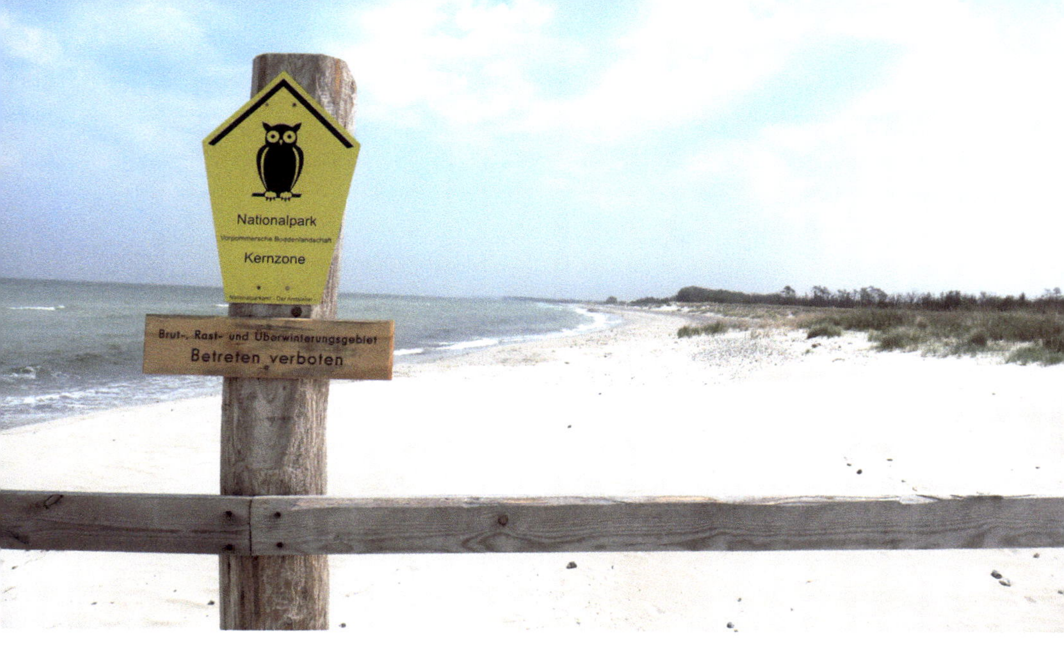

Zingstin itäpuolella sijaitsevalle dyynialueelle on pääsy kielletty, sillä se on kansallispuiston ydinvyöhykettä.

ITÄINEN OSUUS: WARNEMÜNDE–AHLBECK

PITUUS: noin 195 km

VAATIVUUSTASO: Helppo

SAAVUTETTAVUUS: Lento Hampuriin ja sieltä junalla Rostockin kautta Warnemündeen tai laivalla Travemündeen ja sieltä Lyypekin kautta junalla lähtöpaikalle.

YLEISTÄ: Junalla voi matkustaa Rostockin Warnemündeen asti. Täältä pääsee Itämeren rannikon pyöräreitin itäiselle osuudelle, kun ylittää ensin Warnowjoen lautalla ja seuraa sitten Markgrafenheideen johtavia opasteita. Rostockin nummen jälkeen reitti johtaa koilliseen kohti Fischland-Darß-Zingstin boddenia. *Bodden* on Saksan Itämeren rannikon maantieteellinen erikoisuus, joka tulee hyvin tutuksi tämän reittiosuuden varrella. Boddenit muistuttavat suuria laguuneita, joista on vain kapeiden lahtien kautta yhteys avomerelle. Joet tuovat boddeneihin suolatonta vettä. Paikalliselle väestölle ne ovat tarjonneet talvisin oivallisia oikoteitä, sillä ne ovat matalia ja saavat jääpeitteen leutoinakin talvina. DDR:n aikana liikkuminen avomerellä oli kielletty, mutta helposti vartioitavilla boddeneilla sai kalastella ja harjoittaa vesiurheiluakin.

Saksan suurimman saaren Rügenin kiertoreitti kuuluu tavallaan tähän reittiosuuteen. Se on kuitenkin niin pitkä ja omaleimainen, että siitä on oma esittelyjaksonsa tämän osuuden jäljessä.

Puolan rajaa lähestyttäessä Itämeren rannikon pyöräreitti johtaa Usedomin saarelle. Se on varsinkin berliiniläisten suosima lomanviettokohde yli 40 kilometriä pitkän hienohiekkaisen rantansa ansiosta.

Ruoka & juoma: Eräs reitin kohokohdista on Stralsundin kaupunki. Se on samalla oikea paikka tutustua paikalliseen *Bismarckhering* -kalaruokaan. Eräs stralsundilainen kalakauppias toimitti vuonna 1871 etikka- ja sipuliliemessä marinoituja nahattomia sillejä valtakunnankansleri Otto von Bismarckille. Kerrotaan, että hän ihastui tähän maustesilliseokseen niin, että antoi kauppiaalle oikeuden käyttää nimeään sen markkinoinnissa. Tätä perinneruokaa saa edelleen kaikkialla Itämeren rannikolla tilaamalla sillisämpylän *Bismarckbrötchen*.

Stralsundissa kuuluu myös maistaa Störtebeker-olutta. Se on saanut nimensä Itämerellä ja Pohjanmerellä 1300-luvun lopulla laivoja ryöstelleestä merirosvosta, Klaus Störtebekeristä. Stralsundissa toimiva Störtebeker Manufaktur-olutpanimo järjestää matkailijoille kiertokäyntejä ja maistiaisia.

Valmismatkat: Itämeren rannikon itäosat ovat monen pyörämatkanjärjestäjän ohjelmassa. Alueen itäosiin suuntautuvat pyörämatkat alkavat useimmiten Stralsundista. Valmismatkoista löytyy lisätietoja esimerkiksi sivulta www.mecklenburger-radtour.de.

Nähtävyyksiä ja käyntikohteita

Rostockin nummen jälkeen reitti kulkee kahden kylpyläpaikkakunnan, Graal-Müritzin ja Wustrowin, kautta kapealle Itämeren ja Saaler boddenin väliselle kannakselle. Täältä reitti kaartuu boddenin rantaan ja kääntyy itään. Aivan lyhyesti pohjoiseen jatkamalla voi kuitenkin helposti käväistä Ahrenshoopissa.

Ahrenshoop maalattiin maailmankartalle 1800-luvun lopulla, kun joukko taiteilijoita asettui tänne asumaan ja työskentelemään. Vaikka tästä Saksan taidehistoriaan merkittävästi vaikuttaneesta ajanjaksosta on kulunut pitkälti yli sata vuotta, Ahrenshoop on yhä merkittävä taidekeskus monine gallerioineen. Kuuluisin taidenäyttelytiloista on vähän reitin pohjoispuolella sijaitseva *Kunstkaten*. Arkkitehtonisesti kiinnostava käyntikohde on puolestaan Ahrenshoopin pieni ruokokattoinen kirkko, *Schifferkirche*.

Matka jatkuu nyt kohti Darßin niemen pohjoispäätä Bornin ja Wieckin viehättävien kylien kautta. Reitin varrella näkyy monia ruokokattoisia taloja, joiden ulko-ovissa on värikkäitä puuleikkauksia. Alun perin tällä tavoin koristeltuja taloja rakensivat erityisesti

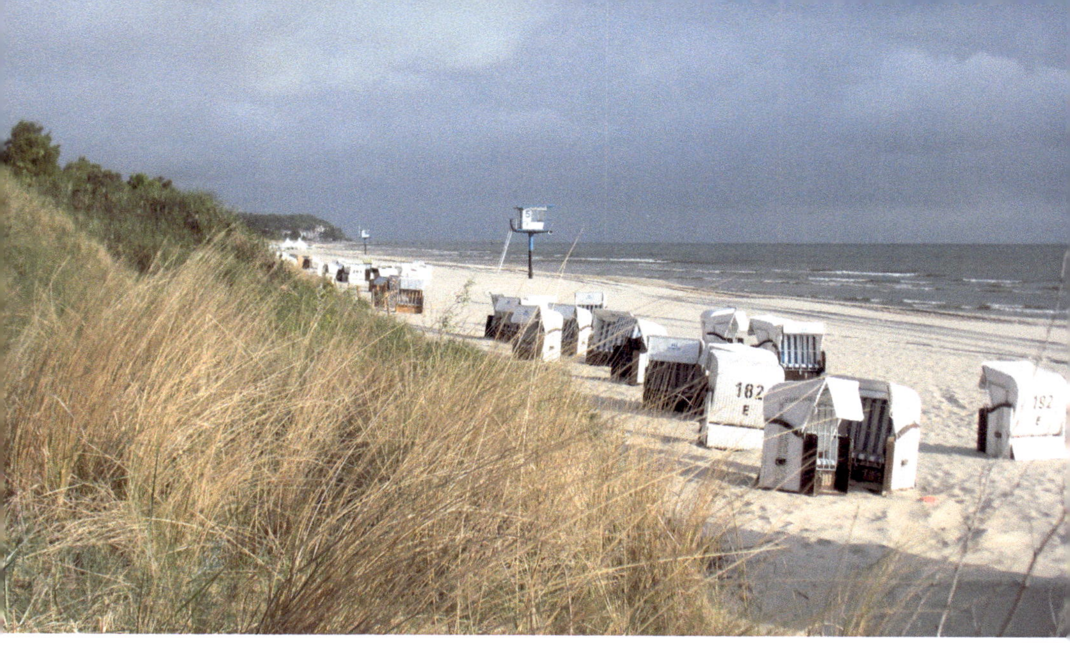

Usedomin 42 kilometrin pituinen hiekkaranta ulottuu Puolen rajalta yhtäjaksoisena lähes saaren länsipäässä sijaitsevaan Peenemündeen asti.

merenkulkijat, jonka vuoksi niitä kutsutaan kapteenintaloiksi. Niittyjen halki reitti johtaa Prerowin kylpyläkaupunkiin, josta pyöräilijä voi poiketa niemen luoteiskulmaan, Darßer Ortin luontokeskukseen. Se on sijoitettu 1800-luvun puolivälissä rakennettuun, yhä käytössä olevaan, nykyisin kauko-ohjattuun majakkaan. Tässä luontokeskuksessa esitellään Etupommerin omia laguuneita eli boddeneita.

Prerowin itäpuolella reitti jatkuu rantavallin päällä kulkevaa pyörätietä Zingstin kylpylään. Zingst on noin kaksi kertaa Prerowia suurempi, ja sen laiturin päässä on samanlainen sukellusgondoli, kuin useilla muillakin Itämeren etelärannan kylpyläpaikkakunnilla. Zingstissä on myös valokuviin ja valokuvaukseen liittyvä erikoiskohde, Max Hünten Haus. Zingstistä voi tehdä edestakaisen retken niemen itäpäähän Pramortiin, jonka läheltä lähtee vain jalankulkijoille sallittu polku Hohe Dünen jopa 14 metriä korkeille dyyneille.

Zingstiin etelälaidalta reitti johtaa alavien bodden-maisemien kautta kohti Barthin kaupunkia. Itämeren etelälaidalla kerrotaan tarinoita mereen uponneesta muinaisesta kaupungista. Tämä myyttinen kaupunki oli tiettävästi nimeltään Vineta ja sijaitsi nykyisen Barthin kaupungin lähettyvillä. Barthissa on siksi tähän aihepiiriin keskittynyt Vineta-museo.

Barthista reitti johtaa boddenin etelälaitaa seuraten Groß Mohrdorfin pohjoispuolelle. Tämä seutu on keväisin ja syksyisin tärkeä kurkien levähdysalue. Groß Mohrdorfissa on kurkien suojelusta kertova infokeskus.

Stralsundin tunnetuin nähtävyys on kaupungin keskiaikainen raatihuone. Stralsundin vanhassa kaupungissa on kymmenittäin taloja, joiden omistajat rikastuivat Hansaliiton kukoistuskaudella kaupankäynnillä. Tuottoisien liiketoimiensa merkiksi heillä oli tapana rakennuttaa taloihinsa taidokkaasti koristeltuja päätyjä, joita saamme yhä ihailla. Tämän pohjoissaksalaiseksi tiiligotiikaksi kutsutun arkkitehtuurin ansiosta Stralsund on, yhdessä Wismarin kanssa, hyväksytty UNESCOn maailmanperintöluetteloon.

Muita Stralsundin matkailuvaltteja ovat Saksan merimuseo ja Ozeanum. Niissä voi tutustua Itä- ja Pohjanmeren kaloihin ja muihin mereneläviin, kuten merikilpikonniin. Stralsundin satamassa matkailijoita houkuttelee kolmimastoparkki Gorch Fock. Se valmistui Saksan armeijan purjekoululaivaksi 1933. Toisen maailmansodan lopulla Gorch Fock upotettiin Stralsundin lähelle. Sodan jälkeen se nostettiin, korjattiin ja luovutettiin Neuvostoliitolle sotakorvauksena. Neuvostoliiton hajottua alus siirtyi Ukrainalle, kunnes se ostettiin 1990-luvun lopussa takaisin Saksaan. Myös Saksan sotalaivaston nykyinen purjeilla varustettu koululaiva, jonka kotisatama on Kielin Tirpitzhafen, on nimeltään Gorch Fock, mutta sekaannusten välttämiseksi sen nimen perässä on tapana mainita (II).

Gorch Fockin kannelta on hyvä näköala Rügenin saaren johtavalle uudelle sillalle. Pyöräilijät eivät kuitenkaan saa käyttää tätä korkeaa siltaa, vaan pyörätie kulkee samansuuntaista Rügendammin rautatiesiltaa pitkin.

Stralsundin ja Greifswaldin puolivälissä, Strelasundin salmen rannalla, elää suuri merimetsoyhdyskunta. Sitä ei mainita matkailumainoksissa, mutta kartoista se löytyy Niederhofin luonnonsuojelualueena; alueella voi vierailla, kunhan pysyttelee sen läpi kulkevilla teillä. Merimetsojen lisäksi alueella pesii muun muassa harmaahaikaroita.

Greifswaldin keskustaa lähestyttäessä Itämeren rannikon pyöräilyreitti kääntyy vasempaan ja seuraa Ryckjoen vartta sen suupuolelle asti. Reitiltä kannattaa poiketa parin korttelin päähän kaupungin torille, jota kuvaillaan Pohjois-Saksan kauneimmaksi. Torin arvorakennuksista merkittävin on 1200-luvulta peräisin oleva raatihuone. Ryckjoen varteen palattaessa reitin varrella on Greifswaldin museosatama, jossa on kymmenittäin historiallisia purje- ja muita aluksia.

Lähellä merta, Wiekin entisessä kalastajakylässä, Ryckjoen yli johtaa historiallinen hollantilaistyylinen läppäsilta, jonka keskiosa avataan jokea purjehtiville aluksille käsivoimin. Sillan jälkeen reitti kääntyy oikealle ja sivuaa Eldenan luostarialuetta. Luostarin raunioita ympäröivä puisto on paitsi hyvin hoidettu myös historiansa puolesta merkittävä paikka. Greifswaldissa syntynyt taidemaalari Caspar David Friedrich tallensi

1800-luvun alkupuolella Eldenan luostarin maisemia useissa töissään ja tuli samalla perustaneeksi "raunioromantiikaksi" kutsutun taidesuuntauksen.

Greifswaldin ja Wolgastin puolivälissä reitti kulkee Lubminin kylpyläpaikkakunnan läpi. Lubmin tunnettiin aikaisemmin ydinvoimalastaan, mutta se suljettiin Saksojen yhdistyttyä. Itämeren pohjassa luikerteleva reilut 1200 kilometriä pitkä kaasuputki, joka alkaa Viipurin läheltä, siirtyy täällä takaisin kuivalle maalle.

Wolgastissa on pieni museosatama, jonka vetonaula on junalautta "Stralsund". Tämän höyrylautan kannelle lastattiin kerrallaan kolme junavaunua ja jopa 300 matkustajaa. Lautta palveli Usedomin lähialueella yhtäjaksoisesti lähes sata vuotta ja viettää nyt vanhuudenpäiviään teknisenä muistomerkkinä. Wolgastista reitti jatkuu kirkkaansinisen läppäsillan kautta kohti Usedomin saarta.

Noin kymmenen kilometrin päässä Wolgastin keskustasta reitti saavuttaa Itämeren rannan ja kääntyy oikealle. Usedomin tunnetuin paikkakunta Peenemünde on saaren luoteiskulmassa, täältä noin kymmenen kilometrin päässä. Toisen maailmansodan aikana Peenemünde oli ohjusten ja rakettien testauspaikka. Sen johtaja oli vuodesta 1937 lähes toisen maailmansodan loppuun asti V-2-ohjuksen keksijä Wernher von Braun, joka siirtyi heti sodan jälkeen Yhdysvaltoihin ja toimi 1960-luvulla Apollo-avaruusohjelman ja avaruussukkuloiden kehittäjänä. Nykyisin Peenemündessä on suuri ilmailu- ja sukellusvenemuseo. Sinne johtava pyörätie erkautuu Trassenheidessa radan ylityksen jälkeen.

Usedomin ensimmäiset kylpylät aloittivat toimintansa jo 1800-luvun alkupuolella. Kun kylpylöihin kuljettiin vielä pääasiassa laivoilla, liikennettä varten oli välttämätöntä rakentaa pitkiä laitureita. Useimmat näistä laivalaitureista (*Seebrücke*) ovat tuhoutuneet, mutta muutamia niistä on korjattu tai rakennettu uudelleen. Kun Usedomiin saatiin junayhteys 1800-luvun lopulla, kylpyläelämä vilkastui ratkaisevasti.

Zinnowitzin nykyinen laituri on vuodelta 1993. Sen kärjessä on sukellusgondoli, joka vie vedenalaisesta Itämerestä kiinnostuneet matkailijat merenpohjan eläimiä ja kasveja tutkimaan. Planktonin vuoksi näkyvyys on kuitenkin rajallinen, joten sukellusta havainnollistetaan filmiesityksellä.

Zinnowitzin jälkeen reitti ohittaa Usedomin saaren kapeimman kohdan. Itämeren ja Achterwasser-vesialueen välinen kannas on täällä vain 300 metrin levyinen. Syksyllä 1872 riehuneen myrskyn seurauksena Itämeren vesi nousi niin korkealle, että hyökyaallot jakoivat Usedomin saaren väliaikaisesti kahtia.

Bansinista alkaa Euroopan pisin, 12 kilometrin mittainen rantapromenadi. Sen varrella on lukuisia loistohotelleja ja lähes alkuperäisenä säilynyt Ahlbeckin laituri. Promenadi ja Itämeren rannikon pyöräilyreitti päättyvät Puolan rajalle. Ahlbeckista voi palata paikallisjunalla pääradan varteen Züssowiin.

RÜGENIN SAARIKIERROS

Rügen Rundweg

PITUUS: noin 275 – 350 km reittivalinnoista riippuen

VAATIVUUSTASO: Helppo, Jasmundin kansallispuistossa ja Granitzin alueella on kuitenkin jyrkkiä mäkiä ja pehmeäpintaisia hiekkateitä.

SAAVUTETTAVUUS: Itämeren rannikon pyöräilyreitiltä Stralsundista Rügendammin siltaa pitkin. Stralsundista voi siirtyä Rügenin saarelle myös Altefährin lautalla. Lisäksi Rügeniin on lauttayhteys Stahlbrodesta, joka on Stralsundin ja Greifswaldin puolivälissä.

Vaihtoehtoisesti Rügenin saareen voi matkustaa Etelä-Ruotsista: Trelleborgista ja Ystadista liikennöi lauttoja Sassnitzin lähellä sijaitsevaan Mukranin satamaan.

YLEISTÄ: Rügen on Saksan suurin saari. Linnuntietä Etelä-Suomesta on Rügenin saarelle alle tuhat kilometriä eli yhtä pitkä matka kuin pohjoisimpaan Lappiin. Rügenin rantamaisemissa kiertelevän pyöräilyreitin pituus on noin 275 kilometriä, mutta taival pitenee lähes sadalla kilometrillä, jos käy myös Ummanzin saaressa ja Mönchgutin niemessä. Pyöräilykierrosta Rügenin saaressa voi halutessaan helposti lyhentää ja tai jättää jonkin osuuden väliin. Saaren tärkeimpien paikkakuntien välillä liikennöivät bussit on nimittäin kesäkaudella varustettu erityisillä perävaunuilla (*RADzfatz*), joihin mahtuu jopa 16 polkupyörää. Lisätietoja tästä kuljetusmahdollisuudesta löytyy sivulta www.rpnv.de/category/ruegen-erleben/c42-radzfatz/.

Rügenin saaressa on jo 1800-luvun lopulta asti liikennöinyt höyryveturin vetämä juna, joka tunnetaan lempinimellä *Rasender Roland*. Tämän kapearaiteista rataa puksuttavan pikku junan reitti ulottuu Rügenin kaakkoisosan Göhrenistä Putbusiin. Junassa voi kuljettaa myös pyöriä, poljettava matka lyhenee tätä junaa käyttämällä enimmillään 24 kilometriä. Jos kokonaismatka tuntuu silti ylivoimaisen pitkältä, voi Putbusin asemalta palata tavanomaisella junalla saaren pääkaupunkiin Bergeniin ja sieltä edelleen Stralsundiin.

RUOKA & JUOMA: Satamissa ja kylpyläpaikkakunnilla on kalaravintoloita. Kevätkauden erikoisuus on Rügenin lähivesillä yleinen nokkakala (*Hornfisch, Hornhecht*), jota on sesonkiaikana tarjolla myös kalaravintoloissa. Rügenin saaressa viljellään paljon kaalia. Syyskesällä ja syksyllä ruokalistoilla on siksi monenlaisia kaaliruokia. Muita paikallisia erikoisuuksia ovat tyrnimehu ja tyrniä sisältävät jälkiruuat.

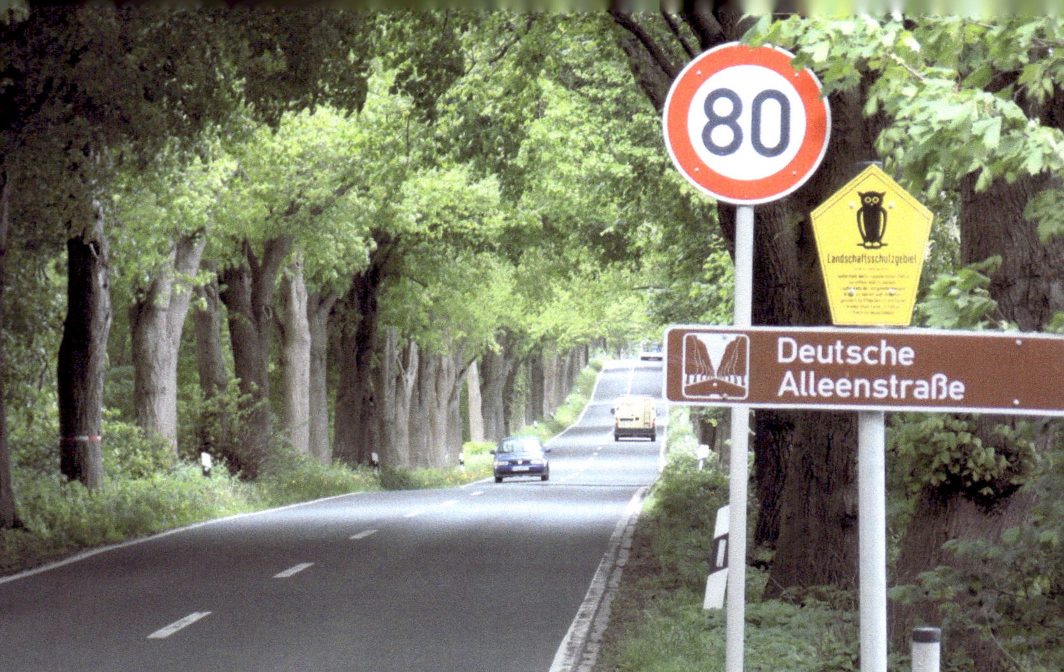

Rügen tunnetaan vanhojen lehtipuiden reunustamista, kilometrien pituisista puistoteistä

VALMISMATKAT: Rügenin saarella pyöräilyvalmismatkoja järjestää muun muassa RügRad (www.ruegrad.de).

NÄHTÄVYYKSIÄ JA KÄYNTIKOHTEITA: Stralsundista Rügeniin johtaa kaksi vierekkäistä siltaa. Pyöräilijät voivat käyttää idänpuoleista, matalaa rautatiesiltaa. Molemmat sillat johtavat ensin Dänholmin saareen, jossa on merenkulusta, merentutkimuksesta ja kalastuksesta kertova museo Nautineum. Heti sillan päätyttyä edessä on risteys, jossa viimeistään on päätettävä, kiertääkö saaren myötä- vai vastapäivään.

Myötäpäivään kierrettäessä reitti johtaa aluksi Strelasundin salmen rantaa Altefähriin, jonka kautta kulki lautoilla koko Rügenin liikenne vuoteen 1936 asti, jolloin rautatietä varten rakennettu pengersilta valmistui. Altefähristä noin 30 kilometrin päässä voi kääntyä vasempaan ja tutustua harvaan asuttuun Ummanzin saareen. Tämä lenkki tietää noin 15 lisäkilometriä, paikoitellen huonokuntoisella betonilaattatiellä.

Gingstissä esitellään kahdessa 1700-luvun ristikkorakennuksessa (*Historische Handwerkerstuben*) eri alojen käsityöläisten työ- ja elinympäristöä.

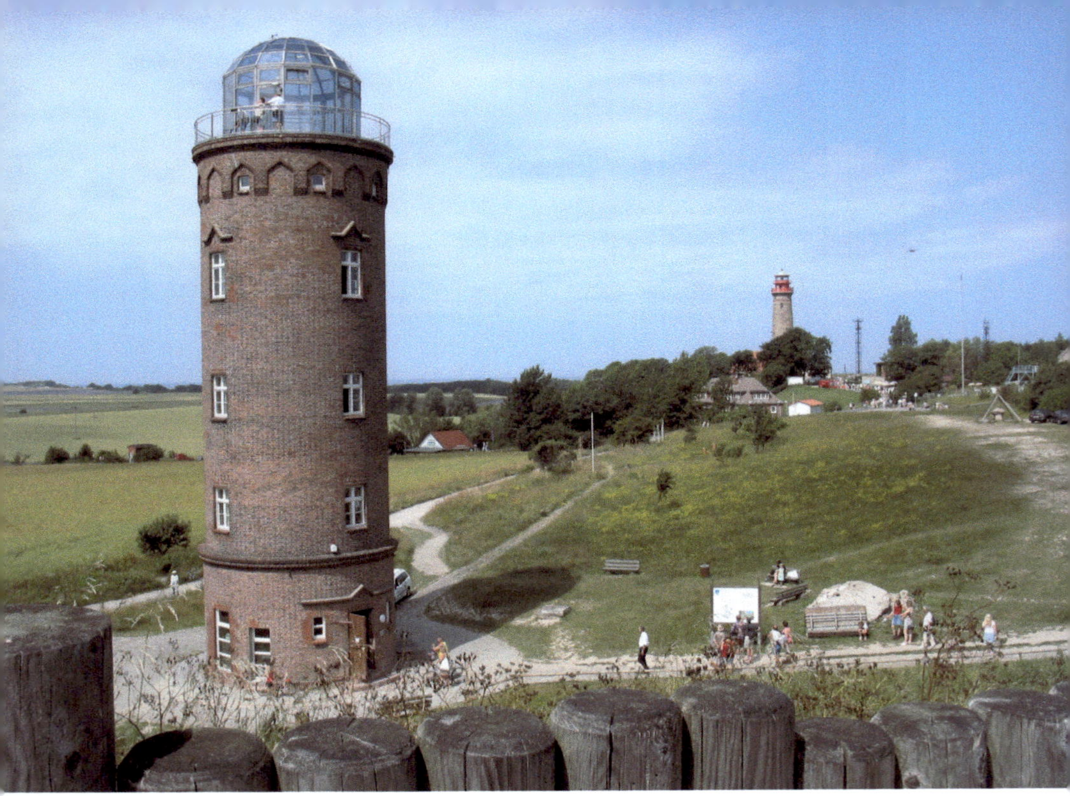

Kap Arkonan entisessä radiomajakassa esitellään lähistön arkeologisia löytöjä ja vaihtuvia taidenäyttelyitä. Taustalla näkyvä 1900-luvun alussa rakennettu majakka toimii yhä alkuperäisessä tehtävässään; sen 17 sekunnin välein vilkkuva valo näkyy myös Helsingin ja Travemünden välillä liikennöiville Finnlinesin laivoille.

Schaproden satamasta lähtee kesäisin tiheään tahtiin laivoja Hiddenseen saareen. Hiddensee tunnetaan sen pohjoispäässä sijaitsevasta majakasta, nummi- ja dyynimaisemista – ja siitä, että saarella ei luonnonsuojelun takia saa ajaa moottoriajoneuvoilla.

Rügenin pohjoisin kolkka on Wittowin niemi. Sinne päästäkseen on ensin ylitettävä kapea salmi Wittowin lossilla. Tämän lauttamatkan jälkeen reitti johtaa Wiekiin, jonka satamassa on pitkä kalkkilouhoksen lastauslaituri 1900-luvun alkuvuosilta. Laituria ei otettu koskaan käyttöön, koska suhdanteet muuttuivat, eikä suunniteltua kaivostoimintaa aloitettu. Edelleen käyttöä vaille oleva laituri on nykyisin rakennussuojelukohde.

Kap Arkonan liitukalliot ja majakat kuuluvat Rügenin ja koko Saksan tunnetuimpiin matkailunähtävyyksiin. Vanhimman majakan on piirtänyt 1820-luvulla arkkitehti Karl Friedrich Schinkel, joka on suunnitellut myös monia Berliinin keskustan arvorakennuksista. Kap Arkonassa on kolme majakkaa ja niissä kaikissa on näköalatasanne. Majakoiden lähellä on valleja ja entisöityjä puurakenteita, jotka kertovat täällä muinoin sijainneesta slaavien uskonnollisesta keskuksesta, Jaromarsburgista.

Kap Arkonan lähellä on lisäksi Vittin entinen kalastajakylä. Pyöräreitti kulkee sen kahdeksankulmaisen, valkoiseksi kalkitun kappelin vierestä – myös tämän kappelin on suunnitellut Karl Friedrich Schinkel. Pian kappelin jälkeen reitti johtaa Juliusruhun, jonka rannan väitetään olevan Rügenin kaunein. Täältä alkaa Schaaben kapea kannas, jota pitkin siirrytään Wittowin niemestä Jasmundiin.

Jasmundin kansallispuisto on Saksan pienin. Sen päänähtävyys on *Königsstuhl*, 118 metriä merenpinnan yläpuolelle kohoava liitukallio. Jasmundin niemen vanhat pyökkimetsät on hyväksytty UNESCOn maailmanperintöluettelon luontokohteisiin. Kansallispuiston eteläpuolella, Sassnitzin kaupungin laidalla, on pieni eläintarha, jossa voi tutustua niin villisikoihin, mufflonеihin kuin pesukarhuihinkin. Sassnitzin keskustan satamassa on brittiläinen sukellusvene 1960-luvulta.

Ensimmäiset junalautat alkoivat liikennöidä Sassnitzin ja Etelä-Ruotsin Trelleborgin välillä 1900-luvun alussa. Tätä reittiä käyttivät maailmansotien välisenä aikana myös monet suomalaiset Keski-Eurooppaan matkatessaan. Liikenteen kasvun vuoksi lauttasatama siirrettiin 1980-luvulla Sassnitzin keskustasta sen eteläpuolelle Mukraniin.

Mukranin lauttasataman jälkeen reitti jatkuu jälleen kapealla kannaksella. Pyörätien ja meren välissä pilkottaa epätodellisen pitkä rakennus: Proran hiekkarantaa reunustaa 4,5 kilometrin mittainen kolossi, jonka natsi-Saksan *Kraft durch Freude* -järjestö pystytti 1930-luvun puolivälissä. Rakennuksiin oli tarkoitus sijoittaa kylpylä- ja lomanviettokeskus, mutta hanke jäi keskeneräiseksi. Sodan aikana täällä majoitettiin suurkaupungeista pommitusten vuoksi paenneita ja DDR:n kaudella rakennuksia käyttivät kansanarmeijan joukot. Nyt tämä jättiläismäinen rakennus on suojeltu muistomerkki ja suurelta osin tyhjä raunio. Sen historiasta kertoo näyttely *Dokumentationszentrum Prora*.

Reitin oikealla puolella, eteläisemmän Jasmundin boddenin lähellä, on Rügenin luonnonperintökeskus (*Naturerbe Zentrum Rügen*). Sen erikoisuuksia ovat korkeiden tukivarsien varaan rakennettu luontopolku ja näkötorni, josta voi tarkastella maisemia 80 metriä merenpinnan yläpuolella. Lisäksi täällä esitellään Rügenin piikiveä, joka oli kivikaudella tärkeä työkalujen materiaali.

Binz on Rügenin suurin kylpyläpaikkakunta. Sen hienohiekkainen ranta on viiden kilometrin pituinen; rantapromenadia reunustavat lukuisat hotellit ja ravintolat. Binzistä on Deutsche Bahnin junilla rautatieyhteys Stralsundiin, ja kaupungin toiselta rautatieasemalta voi nousta Putbusin ja Göhrenin välillä liikennöivän *"Rasender Roland"*-höyryjunan kyytiin.

Binzin eteläpuolella, viitoitetun reitin lähellä, sijaitsee korkealla kukkulalla Granitzin metsästyslinna. Linnan keskellä kohoaa arkkitehti Karl Friedrich Schinkelin suunnittelema torni. Jos uskaltaa kiivetä tornin sisäseinän varaan rakennettuja valurautaisia portaita kattotasanteelle asti, voi ihailla Rügenin kaakkoisosaa lintuperspektiivistä.

Sellin on merkittävä kylpyläpaikkakunta, jonka 394-metrinen laituri on Rügenin pisin. Itämeren rannikon pyöräilyreitti haarautuu Sellinissä ja pian sen jälkeen uudestaan Baabessa, joten viimeistään täällä on ratkaistava, jatkaako matkaa takaisin länteen kohti Putbusia vai etelään Mönchgutin niemelle.

Edestakainen käynti Mönchgutin kärjessä sijaitsevassa Thiessowissa tuo matkamittariin parikymmentä lisäkilometriä, mutta saaren kaakkoiskulman maisemat korvaavat vaivannäön. Mönchgutin maasto on kumpuilevaa, laajojen hiekkadyynien peittämää. Mönchgutissa on useita pieniä kotiseutumuseoita ja entinen luotsitorni, josta näkyy sekä Itämerelle että Greifswaldin boddenille.

Kiertoreitille palattaessa reitti kulkee Rügenin kaakkoisosan biosfäärialueen halki. Vähän ennen Putbusia reitin varrella on Putbusin ruhtinaan vuonna 1818 rakennuttama kylpylaitos Goor. Sen juhlavan pylväsrivistön takana toimii nykyisin hotelli.

Goorin jälkeen reitti johtaa Lauterbachin satamaan. Osa Putbusiin tulevista junista jatkaa tänne asti. Satamasta reitti jatkuu ylämäkeen Putbusin keskustaan.

Putbusissa reitti sivuaa suurta Circus -nimistä aukiota. Tätä pyöreää kenttää ympäröi 16 valkeana hohtavaa taloa, ja aukion keskellä kohoaa korkea obeliski. Kaupungin epätavallinen arkkitehtuuri syntyi 1800-luvun alussa, jolloin se oli Putbusin ruhtinaan hallintokaupunki. Circus-aukion vieressä on maisemapuisto ja muutamia alueen entisestä loistosta kertovia rakennuksia.

Garzin kunnan alueella, Groß Schoritzissa, on 1700-luvun lopulla syntyneen kirjailija Ernst Moritz Arndtin syntymäkoti. Arndt kuului saksalaisten kansallisuusaatteen esitaistelijoihin, Greifswaldin yliopistokin nimettiin siksi hänen mukaansa.

Groß Schoritzin jälkeen voi jatkaa Zudarin niemelle ja edelleen Glewitziin. Sieltä liikennöi lautta mantereelle, Stahlbrodeen, josta pääsee aikaisemmin kuvatulle Itämeren rannikon pyöräreitille. Jos haluaa tehdä täyden Rügenin saaren kierroksen, seuraava etappi on Rügendamm, josta paluu Stralsundiin tapahtuu matkan alussa tutuksi tullutta siltaa pitkin.

KIELIN KANAVAN PYÖRÄREITTI
NOK-Route

Pituus: Kanavan vartta seuraavaa huoltotietä pitkin reitin pituudeksi tulee noin 125 kilometriä. Kanavan lähialueiden matkailun edistämiseksi viitoitettu virallinen NOK-reitti seuraa välillä kanavaa, mutta kiertelee pitkiä matkoja myös sen lähialueilla; sen kokonaispituus on 325 kilometriä. Jättämällä väliin osan suositelluista poikkeamista jokainen voi räätälöidä itselle sopivan pituisen reitin.

Vaativuustaso: Helppo. Kanavan vartta seuraava tie on tasainen, kaksiurainen väylä. Myöskään kanavan lähialueilla ei esiinny jyrkkiä mäkiä.

Saavutettavuus: Jos tulee laivalla Travemündeen, matkaa voi jatkaa junalla Lyypekin kautta Kieliin. Reitin toiseen päähän, Brunsbütteliin, on lauttayhteys Weserin ja Elben pyöräreittien päätepisteestä, Cuxhavenista.

Yleistä: Saksassa Kielin kanavaa kutsutaan Pohjanmeri-Itämeri-kanavaksi (*Nord-Ostsee-Kanal*). Kanavaa alettiin rakentaa 1860-luvulla, kun Saksassa haluttiin varmistua siitä, että sen sotalaivat voisivat siirtyä Itämeren ja Pohjanmeren välillä joutumatta kiertämään Tanskan salmien kautta. Kanavahanketta ajoi ennen kaikkea "rautakansleri" Otto von Bismarck. Kun kanava valmistui 1895, sen vihki keisari Wilmelm II ja se sai alun perin nimekseen *Kaiser-Wilhelm-Kanal*. Toisen maailmansodan jälkeen kanavalle annettiin uusi nimi, *Nord-Ostsee-Kanal*, ja siitä on johdettu myös kanavan pyöräreitin nimi, NOK-Route. Kanava on 98,6 kilometriä pitkä, mutta sen innoittamana viitoitetun pyöräreitin pituus on peräti 325 kilometriä. Niinpä tähän viralliseen reittiin on sisällytetty useita ympyrälenkkejä ja poikkeamia, jotka johtavat vuoroin kanavan etelä- ja vuoroin sen pohjoispuolelle. Ne, jotka haluavat keskittyä pelkästään kanavan rantoihin, voivat jättää nämä ylimääräiset kierrokset väliin käyttämällä kanavaa seuraavaa huoltotietä, lyhimmillään Brunsbüttelistä Kieliin kertyy poljettavaa noin 125 kilometriä. Reitin pohjoispäässä huoltotieltä on kuitenkin poikettava maanteille, mutta autoliikennettä näillä teillä on vain vähän. Rendsburgissa ja Kielissä reitti kulkee osaksi pyöräteillä, osaksi kaduilla.

Kielin kanava on maailman vilkkain keinotekoinen vesitie. Sen läpi kulkee noin sata rahtilaivaa tai muuta alusta vuorokaudessa. Kanavaa pitkin kulkevat laivat ovatkin tämän pyöräilyreitin tärkein nähtävyys: varsinkin suuret risteilyalukset houkuttelevat kanavan varrelle pyörämatkailijoiden lisäksi paljon muitakin matkailijoita ja päiväkävijöitä. Huhtikuun ja syyskuun välisenä aikana Kielin kanavan läpi kulkee keskimäärin sata suurta risteilyalusta. Niiden matka Pohjanmereltä Itämerelle tai päinvastaiseen suuntaan kestää kulloinkin kymmenkunta tuntia. Jotta katselijat osaisivat asettua ajallaan oikeaan paikkaan, risteilijöiden aikatauluista kanavalla julkaistaan huhtikuusta alkaen tarkat tiedot osoitteessa www.nok-sh.de.

Laivojen lisäksi Kielin kanavan pyöräreitin nähtävyyksiä ovat kanavan kummassakin päässä sijaitsevat sulut ja kanavan yli johtavat sillat, joita on kymmenen. Niistä kaksi on rautatiesiltaa ja kaksi yhdistettyä rautatie- ja maantiesiltaa. Kanavan siltojen alta mahtuvat kulkemaan suuretkin laivat, sillä siltojen alituskorkeus on vähintään 40 metriä. Kanavan ylittävät sillat, varsinkin rautatiesillat, ovat siksi erittäin pitkiä.

Siltojen lisäksi kanavan puolelta toiselle voi siirtyä myös lautoilla. Yhteensä lauttapaikkoja on 14. Kuljetus Kielin kanavan yli liikennöivillä lautoilla on maksutonta, toisin kuin Saksan lautoilla yleensä.

Ruoka & juoma: Kielin kanava sijaitsee Schleswig-Holsteinin osavaltiossa, jossa tuotetaan suuri osa Saksan elintarvikkeista. Kanavan lähialueella pyöräiltäessä kannattaa maistella esimerkiksi paikallisia juustoja ja muita maitotuotteita. Kanavan vähäsuolaisessa murtovedessä elää oma kalakantansa, ja kanava tuo toimeentulon muutamille ammattikalastajille. Niinpä kanavan varrella sijaitsevissa ravintoloissa ja kioskeissa myydään esimerkiksi savustettua ankeriasta. Vinkkejä muista paikallisruuista on Itämeren rannikon pyöräilyreitin Flensburg-Travemünde -osuuden yhteydessä.

Valmismatkat: NOK-pyöräreitillä järjestetään jopa kymmenen yöpymistä käsittäviä pyöräilyvalmismatkoja, mutta myös aivan lyhyitä pakettimatkoja. Osa matkoista sisältää paluukuljetuksen lähtöpaikkakunnalle laivalla tai taksilla. Lisätietoja: www.nok-route.de.

Nähtävyyksiä ja käyntikohteita: Brunsbüttelissä on kaksi isoa ja kaksi pientä sulkua, joilla estetään vuorovedestä johtuvat vedenkorkeuden vaihtelut ja veden edestakainen liike kanavassa. Vuonna 1895 valmistuneet vanhat sulut ovat edelleen toimintakuntoisia; niiden kautta kulkevat pienet laivat ja veneet. Uudempiin sulkuihin, jotka rakennettiin 1909–14, ohjataan isommat alukset. Nykyisten kahden kaksoissulun väliin on päätetty rakentaa viides sulkuportti, joka valmistuu 2020-luvulla. Sulkuporttien vieressä on kanavan historiasta ja tekniikasta kertova näyttely ”Atrium”.

Elben suiston pohjoisella puolella sijaitseva Pohjanmeren rannikkokaista on nimeltään Dithmarschen. Sen korkeimmalla kohdalla – noin 65 metriä merenpinnan yläpuolella – on näkötorni, jonka tiloihin on sijoitettu alueen luonnosta ja erityisesti metsistä kertova näyttely. Näkötorni on Burgin kunnassa, pari kilometriä kanavan pohjoispuolella.

Kanavan eteläpuolella Wilstermarschissa on puolestaan koko Saksan alavin seutu: Wilster-Neuendorfissa, kahden kilometrin päässä kanavasta, maa on 3,5 metriä merenpinnan keskitason alapuolella. Tänne on pystytetty kahdeksan metriä korkea paalu,

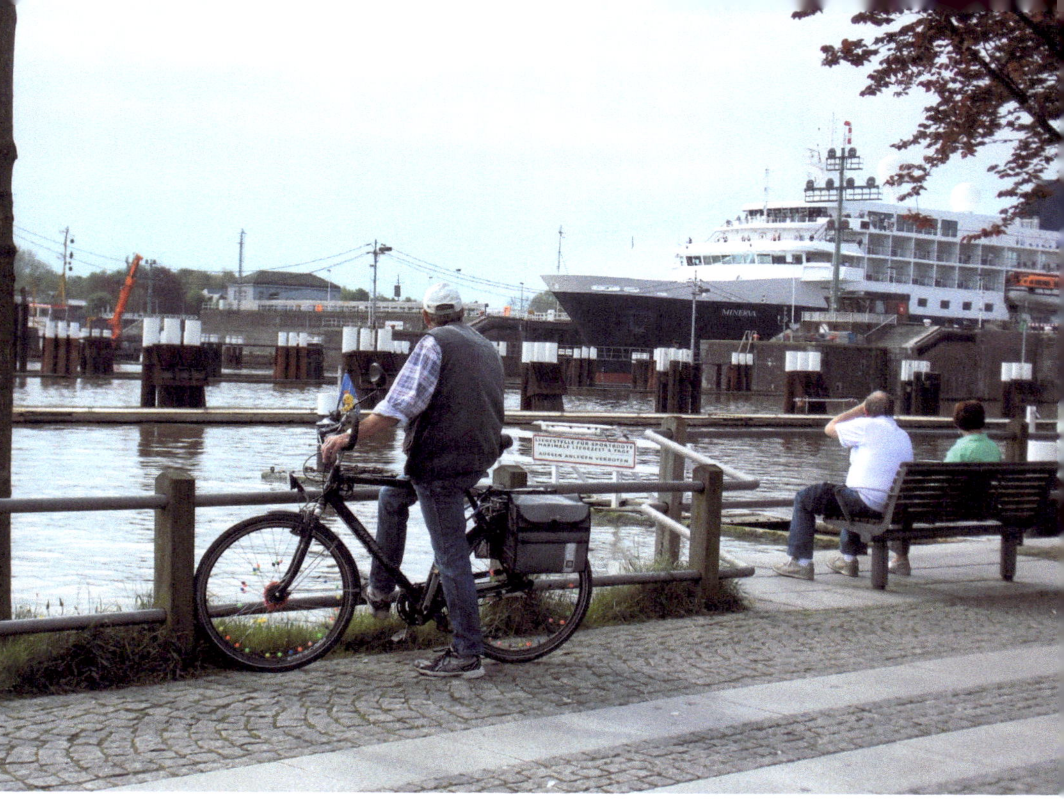

Risteilyalus tulossa Brunsbüttelin sulkuun.

johon on merkitty pahimpien tulvahuippujen aikaiset vedenkorkeudet. Siihen on myös merkitty, miten korkealle vedenpinta yltäisi, ellei tulvavalleja olisi.

Kanavan varrella kulkee huoltotie, jota pyöräilijät saavat käyttää. Tällä tiellä kulkee satunnaisesti myös kanavan huoltoajoneuvoja, jonka vuoksi tie on suurimmalta osin päällystetty betonilaatoilla. Kanavan varren lyhtypylväissä on tauluja, joista vesitien käyttäjille näkyy etäisyys kilometreinä Brunsbüttelistä. Kanavakilometrin 35 lähellä on rannalle nostettu, vuoteen 1990 asti käytössä ollut lossi, joka kulki kanavan pohjaan asennetun ketjulaitteiston avulla. Nykyisin kanavan yli liikennöivät lautat ovat vapaasti ohjattavia.

Koska laivaliikenne on vilkasta ja kanava on kapea, laivojen kulkua kanavassa ohjaavat luotsit. Turvallisuussyistä laivat saavat sivuuttaa vastaantulevat alukset vain määrätyissä paikoissa. Kanavan puolivälissä Rüsterbergissä on luotsiasema, jossa kanavan kummastakin päästä – Brunsbüttelistä ja Kielin Holtenausta – laivaan nousset luotsit

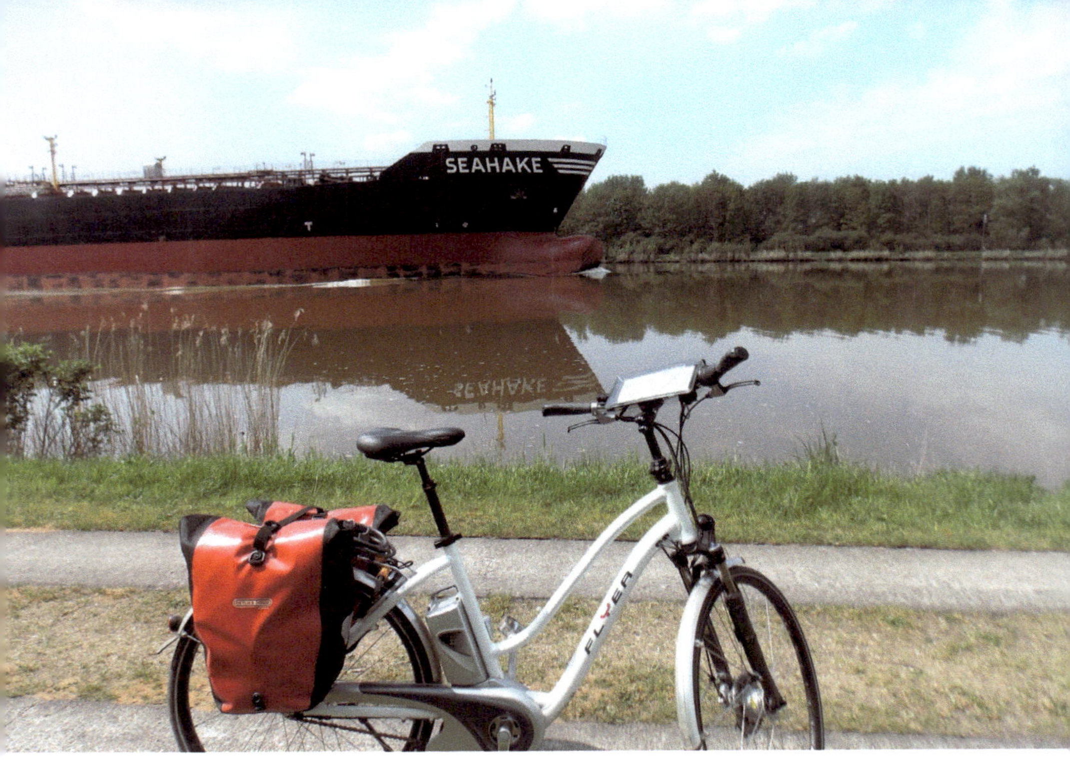

*Kielin kanava on maailman vilkkain keinotekoinen vesitie.
Pyörämatkailijat saavat ajaa sen huoltoteillä, joita on kanavan molemmin puolin.*

siirtyvät luotsikutterilla asemalle odottamaan seuraavaa toimeksiantoa takaisinpäin tai palaavat maitse lähtöpaikalleen. Luotsienvaihtoa voi seurata parhaiten kanavan länsirannalta Moltkesteinin kohdalta.

Rendsburgin kaupunkia lähestyttäessä kanavan pohjoisrannalla on paikka, jossa isompikin seurue voi istahtaa ohi lipuvia laivoja katselemaan: 501 metriä pitkä penkki. Sen väitetään olevan maailman pisin.

Rendsburgin todellinen nähtävyys on kuitenkin kaupungin keskustaa halkova, 2,5 kilometriä pitkä rautatiesilta. Se rakennettiin 1911–13; valmistuessaan se oli maailman suurin teräsrakenne. Sillassa ei ole hitsattuja osia, vaan se on rakennettu kokonaan niittaamalla. Sillan erikoisuus on sen kannen alla kahdentoista teräsvaijerin varassa riippuva lautta, joka kuljettaa kanavan yli jalankulkijoita, polkupyöräilijöitä, mutta myös moottoriajoneuvoja. Kerrallaan tämän ilmassa kulkevan lossin kyytiin otetaan enintään 7,5 tonnin painoinen kuorma, tilanpuutteen vuoksi kuitenkin enimmillään neljä henkilöautoa. Gondeli, joksi lauttaa myös kutsutaan, liikennöi kanavan yli neljä kertaa tunnissa, aamuvarhaisesta iltamyöhään. Ylitys kestää vain pari minuuttia, mutta kanavaa pitkin kulkevilla laivoilla on etuajo-oikeus, joten odotusaikoja esiintyy tavan takaa. Rendsburgin lautta on sikäli ainutlaatuinen, että matkustajien päiden yläpuolella kulkee junia samanaikaisesti kun lautta ylittää kansainvälisen vesiväylän. Päivittäin sillan ylittää jopa 150 junaa. Sillan huipulla on näköalatasanne. Tammikuussa 2016 tapahtuneessa onnettomuudessa Rendsburgin ainutlaatuinen lautta törmäsi kanavassa kulkeneeseen laivaan, eikä vielä ole päätetty, korjataanko lautta entisenlaiseksi vai tuleeko sen tilalle jokin muu liikenneratkaisu. Rendsburgissa on myös jalankulkijoille tarkoitettu kanavan alitse kulkeva tunneli, mutta siitä ei ole onnettomuudessa vahingoittuneen lautan korvaajaksi.

Rendsburgin rautatiesillan alla ohikulkeville laivoille soitetaan tervehdyksenä laivan kotimaan kansallishymni; laitteistoa pyörittävään tietokoneeseen on ohjelmoitu 220 maan kansallislaulut. Viereisessä ravintolassa palvelu on viety vielä pitemmälle, sillä sen asiakkaille kuulutetaan, mistä paikan ohittavat laivat ovat tulossa ja minne menossa.

Jos Rendsburgia ei oteta huomioon, kanavan varrella on hyvin vähän asutusta. Poikkeuksena tästä on Sehestedtin kylä, kymmenen kilometriä Rendsburgista pohjoiseen. Se jouduttiin kanavaa rakennettaessa uhraamaan niin, että kanava jakaa kylän kahtia. Sehestedtissä voi yöpyä niin sanotussa heinähotellissa (*Heuhotel*). Kanavan tuntumassa on pari muutakin majoitusliikettä, joissa voi nukkua heinien keskellä tai ainakin heinillä täytetyillä patjoilla: Beldorfissa ja Holtseessä.

Kanavakilometrin 88 luona saavutetaan paikka, josta eteenpäin Kielin kanava jatkuu samassa uomassa kuin sitä edeltänyt Eiderin kanava. Itämereltä oli kulkuyhteys Pohjanmerelle jo 1700-luvun lopulta asti, tosin vain pienille aluksille. Alkumatkalla Eiderin kanavaa pääsi Rendsburgiin asti ja sen jälkeen Eiderjokea pitkin Tönningin lähelle Pohjanmerelle.

Huoltoteitä on useimmissa paikoissa kanavan molemmin puolin. Valitsemalla kanavan eteläpuolisen reittivaihtoehdon viitoitus johtaa Kieliä lähestyttäessä Tannenbergiin ja edelleen näköalatasanteelle, josta voi katsella laivojen kulkua sulkuporttien läpi. Kielin Holtenaussa on kaksi samantapaista kaksoissulkua kuin Brunsbüttelissäkin. Vuoroveden vaikutus on Itämeren eteläosassa kuitenkin vähäistä, veden korkeus vaihtelee täällä normaalisti vain 20–30 cm.

Kielin kanavan pyöräreitti päättyy tänne. Holtenausta Kielin kaupungin keskustaan on viitisen kilometriä. Kielin nähtävyyksistä on tietoja Itämeren rannikon pyöräreitin ensimmäisen osuuden (Flensburg-Travemünde) yhteydessä.

ELBEN PYÖRÄREITTI

Elberadweg

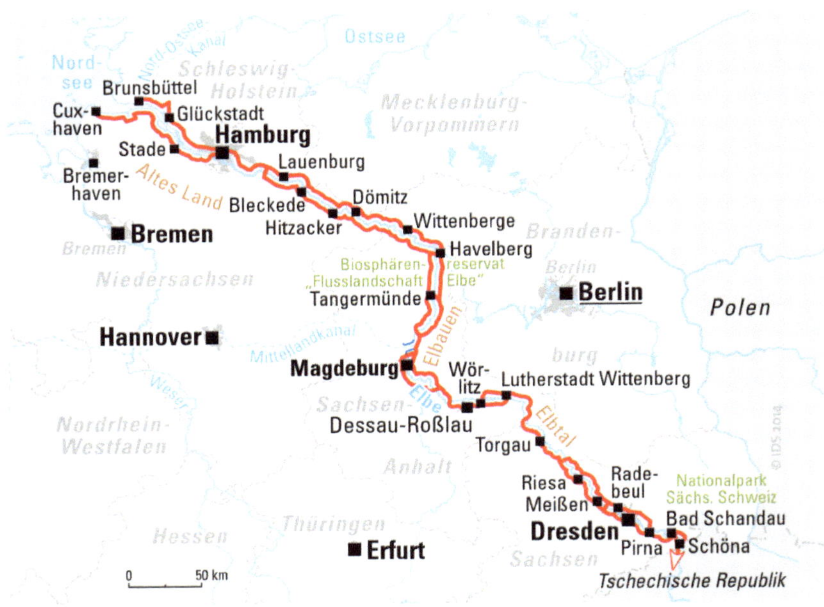

ALKUOSUUS CUXHAVENISTA/BRUNSBÜTTELISTÄ LAUENBURGIIN

Elben pyöräreitin kokonaispituus on noin 1240 kilometriä, josta Saksan alueella on 880 ja Tshekin alueella 360 kilometriä. Tässä esiteltävä reitin alkuosuus käsittää lauttamatkan Pohjanmeren rannalta Cuxhavenista Elben suiston yli Brunsbütteliin ja osuuden sieltä Elben pohjoispuolta Hampurin kautta Lauenburgiin.

Pitkiä pätkiä tästä Elben pyöräreitin alkuosuudesta voi vaihtoehtoisesti ajaa joen eteläpuolella. Erityisesti keväällä, omenoiden kukinta-aikaan, etelänpuolinen reitti on suositeltava. Elben varrella, Hampurin lounaispuolella *Altes Land* on eräs Euroopan suurimmista hedelmänviljelyalueista. Omenoiden lisäksi täällä viljellään kirsikoita.

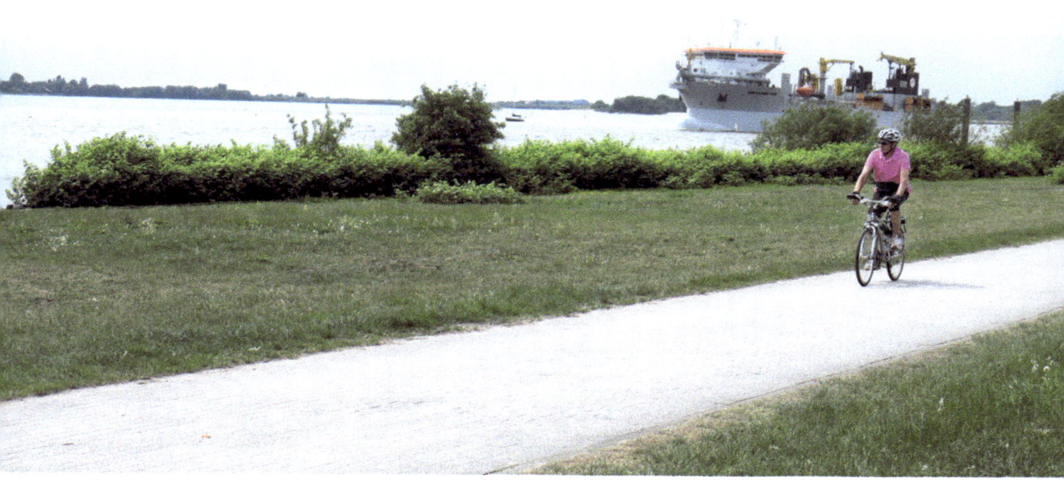

Pohjanmeren ja Hampurin sataman välillä on kaikkina vuorokaudenaikoina vilkas laivaliikenne. Pyöräreitti kulkee täällä lähellä Elben rantaa.

Pituus: noin 200 km (+ 25 km merimatka Cuxhavenista Brunsbütteliin)

Vaativuustaso: Helppo. Reitin alkuosuudella laiduntaa erittäin paljon lampaita, joten pyörätielläkin on lampaanpapanoita. Jokaisen kulkijan on suljettava laitumien rajoilla olevat veräjät perässään. Lauenburgia lähestyttäessä reitti kulkee enimmäkseen lehtimetsässä, muinaisen Elbe-virran korkealla rantavallilla.

Saavutettavuus: Hampurista on hyvät junayhteydet Cuxhaveniin ja Lauenburgista on samoin hyvä junayhteys sekä Hampuriin että Lyypekkiin. Lauenburg sijaitsee Schleswig-Holsteinin osavaltion kaakkoiskulmassa. Junalla tänne tai täältä (esimerkiksi Helsingin laivojen lähtöpaikalle Travemündeen) matkustettaessa kannattaa siksi käyttää edullista "Schleswig-Holstein-Ticket"-näyttölippua.

Yleistä: Elbe on Saksan kolmanneksi suurin joki Reinin ja Tonavan jälkeen. Sen alkulähteet ovat lähes 1400 metrin korkeudella Riesengebirge-vuoristossa, Tshekissä. Elben suurimmat sivujoet ovat Vltava (saksaksi Moldau), Saale ja Havel. Elben virtaama vaihtelee erittäin voimakkaasti. Normaalioloissa vesi virtaa joen yläjuoksulta Pohjanmerelle noin kahdeksassa vuorokaudessa. Vuonna 2002 Elbellä koettiin "vuosituhannen tulvaksi" kutsuttu luonnonilmiö. Alkukesällä 2013 Keski-Euroopan itäosia koetelleiden rankkasateiden seurauksena Elben pinta kohosi joen keskivaiheilla monin paikoin vielä tätäkin korkeammalle, 7–8 metriä tavanomaisen tason yläpuolelle, ja aiheutti erittäin laajoja tuhoja. Toisaalta Elben latvavesillä ja keskivaiheillakin on ajoittain niin vähän vettä, että laivaliikenne joella joudutaan keskeyttämään. Joen purjehduskelpoisuuden

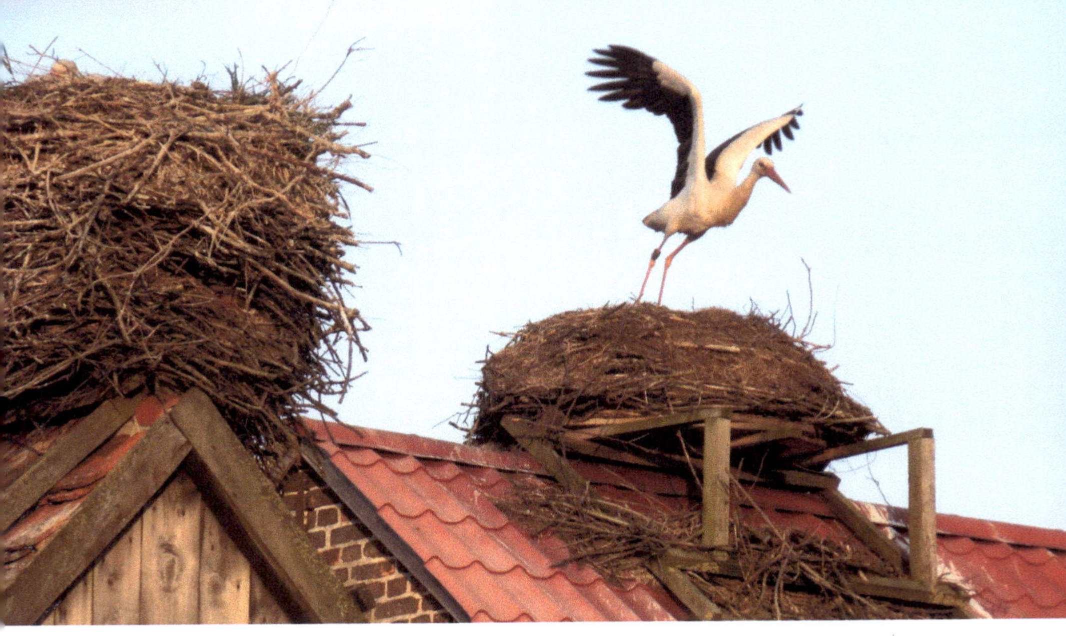

Elben pyöräreitillä ei tarvitse olla lintuharrastaja nähdäkseen kattohaikaroita. Esimerkiksi Rühstädtissä pesii vuosittain jopa 40 haikaraparia, joita on helppo tarkkailla ilman kiikareitakin.

parantamiseksi sen rannoille kasattiin 1800-luvun puolivälistä asti keskivirtaan päin ulottuvia kivisiä esteitä. Niiden vaikutuksesta joki saatiinkin virtaamaan nopeammin ja samalla joen uoma syveni. Näistä purjehduskelpoisuuden parantamiseen tähdänneistä muutoksista aiheutunutta eroosiota pidetään nykyisin, ilmastonmuutoksen ohella, eräänä syynä tulvien voimistumiselle. Epäilemättä tulvien pahenemiseen ovat vaikuttaneet muutkin ihmistoiminnan seuraukset, kuten tulvavallien rakentaminen liian lähelle jokiuomaa, minkä seurauksena vedelle ei ole ääritilanteissa enää riittävästi tilaa. Pyörämatkailijalle tulvavallien sijainti vaikuttaa olennaisesti näkymiin, sillä useimmiten pyöräreitti kulkee niiden päällä tai laidalla.

Laivaliikenne Elbellä on vilkasta ainoastaan sen alajuoksulla, jokisuulta Hampuriin. Vuoroveden vaikutuksesta Elben virtaussuunta vaihtelee noin kuuden tunnin välein jokisuulta Hampurin ja Lauenburgin puolivälissä sijaitsevaan Geesthachtiin asti.

Elben pyöräreitin ajosuunnaksi suositellaan yleensä lähtöä Pohjanmeren rannalta yläjuoksulle päin, koska tähän suuntaan ajettaessa esiintyy todennäköisesti enemmän myötä- kuin vastatuulta. Siksi myös tämä reittiselostus on laadittu Cuxhavenista alkaen.

Elben pyöräreitin markkinointiorganisaatio julkaisee vihkosta, johon on kerätty kaikkien enintään 2,5 kilometrin päässä reitistä sijaitsevien "pyöräily-ystävällisten" majoitusliikkeiden yhteystiedot. Samassa maksuttomassa vihkosessa on runsaasti myös muita hyödyllisiä tietoja.

Ruoka & juoma: Erityismaininnan yhden ruokalajin – matjessillin – tai oikeastaan sen valmistusmenetelmän tunnetuksi tekemisestä ja siihen liittyvän ruokakulttuurin vaalimisesta ansaitsee Hampurin ja Brunsbüttelin puolivälissä sijaitseva Glückstadt. Matjeksella tarkoitetaan noin kolmevuotiasta, alkukesällä (ennen kutuaikaa) pyydettyä ja jo merellä teurastettua ja suolattua miedonmakuista silliä. Tunnettuja "matjeskaupunkeja" ovat Hollannin rajan lähellä sijaitseva Emden ja Glückstadt, mutta matjessilliä syödään runsaasti kaikkialla Pohjois-Saksassa.

Valmismatkat: Monet matkanjärjestäjät tarjoavat palvelujaan niille, jotka haluavat ostaa omatoimisen tai opastetun valmismatkan Elben pyöräreitillä. Valinnanvaraa on runsaasti sekä lähtöpaikkojen että matkan pituuden suhteen. Itselle sopivan pyöräilyvalmismatkan voi löytää esimerkiksi seuraavilta nettisivuilta: www.augustustours.de, www.corso-reisen.de, www.elbe-rad-weg.de ja www.flusskultur-radreisen.de.

Nähtävyyksiä ja käyntikohteita: Cuxhaven on paitsi Elben pyöräreitin aloituspaikka myös Weserin pyöräreitin päätepiste. Sen matkailukohteista ja nähtävyyksistä on yksityiskohtaisempi kuvaus Weserin pyöräreitin yhteydessä.

Cuxhavenin historiallinen matkustajalaivasatama on Steubenhöft, jonka kautta HAPAG-varustamo (Hamburg-Amerika-Linie) kuljetti 1900-luvun alussa satojatuhansia siirtolaisia Amerikkaan. Nyt Steubenhöftin odotushallissa on siirtolaisuudesta kertova näyttely ja sen edessä Elben ylittävää lauttaliikennettä palveleva uusi lähtölaituri. Vuodesta 2015 alkaen Cuxhavenista on ollut mahdollista matkustaa Brunsbütteliin virolaisen varustamon suurilla lautoilla. Runsaan tunnin kestävällä merimatkalla Elben suiston yli Brunsbütteliin on hyvä tilaisuus seurata läheltä suuria valtamerilaivoja, sillä tätä kautta kulkevat sekä Hampurin satamaan että Kielin kanavaan matkalla olevat alukset. Lautat puolestaan kulkevat Cuxhavenin ja Brunsbüttelin välillä edestakaisin vähintään seitsemän, arkisin jopa kymmenen kertaa päivässä.

Brunsbüttelissä uudelle lauttayhteydelle rakennettu laituri sijaitsee syrjäisellä paikalla, kaupungin keskustan länsipuolella. Heti rantaan tullessa vastassa on koko alkumatkalle tyypillinen maisema, korkea tulvavalli ja monia kymmeniä, ellei peräti satoja lampaita. Brunsbüttelin tärkein matkailunähtävyys on kanavan suulla oleva sulkuporttikokonaisuus, josta kerrotaan tarkemmin Kielin kanavan pyöräreitin kuvauksen yhteydessä. Kanavan yli pääsee täällä maksuttomalla lossilla. Pian sen jälkeen reitti kulkee Brunsbüttelin ydinvoimalan läheltä. Sinne johtava pistotie on kuitenkin hiljainen, sillä tämä voimala ei tuota enää sähköä. Läheisessä St. Margarethenissä maisemaa elävöittää kaksi majakkaa, mutta seuraavassa kylässä, Brokdorfissa, reitin vieressä kohoaa jälleen ydinvoimala. Saksassa on päätetty luopua ydinvoimasta, joten tämäkin laitos on tarkoitus sulkea vuoden 2021 loppuun mennessä.

Vähän ennen Glückstadtia reitti ylittää sillan, jonka alta virtaa Elben sivujoki Stör. Myös se on vuorovesi-ilmiön vaikutuspiirissä; veden virtaussuunta vaihtuu nousu- ja laskuveden myötä. Glückstadtin länsipuolelta on lauttayhteys Elben yli Wischhafeniin.

Glückstadt perustettiin 1600-luvun alussa satama- ja linnoituskaupungiksi, kilpailemaan Hampurin kanssa. Siitä, miten tässä onnistuttiin, kertoo kaupungin nykyinen asukasluku, noin 11 000. Matkailijoiden kiinnostuksen kohteena ovat Glückstadtissa varsinkin torin ympäristössä ja satamalahden varrella säilyneet arvorakennukset. Myös matjessillin tiimoilta järjestettävät tapahtumat tuovat kaupunkiin runsaasti vieraita. Glückstadtin pieni sisäsatama on suojattu vuorovedeltä korkeilla sulkuporteilla.

Noin kymmenen kilometrin päässä Glückstadtista pyörämatkailijan on valittava joko pidempi, sisämaahan ulottuva reitti Elmshornin kautta tai Krückaujoen sulkuportin yli Elben tuntumassa kulkeva reitti. Jos valitsee pitemmän reitin, voi Krückaun ylittää viikonloppuisin Kronsnestissa myös lossina toimivalla pienellä veneellä. Elben rannan läheltä kulkevan lyhemmän reitin voi valita, jos on liikkeellä aamupäivällä (viikonloppuisin sulkuportin yli pääsee tosin myös iltapäivällä). Tarkat ajat, jolloin sulkuportin voi ylittää, kerrotaan reitin varrella olevissa liikennemerkeissä.

Muutaman kilometrin päässä tulee vastaan seuraava Elben sivujoki, Pinnau, sulkuportteineen. Senkin joutuu kiertämään koukkaamalla pohjoiseen, jos sulku on avattu laivaliikennettä varten. Myös Pinnaun sulkuportin edellä on ilmoitustaulu, josta sulun ylitysajat, jotka ovat samantapaisia kuin Krückaun kohdalla, ilmenevät.

Wedelin kaupunkia lähestyttäessä reitin vieressä näkyy laaja hampurilaisten veneilynharrastajien kotisatama tuhansine venepaikkoineen. Elben suulta on Hampurin satamaan matkaa noin sata kilometriä. Wedelin kohdalla rantaan on asennettu suuret kovaääniset, joiden avulla kaikki vähintään 500 bruttorekisteritonnin vetoiset laivat toivotetaan tervetulleeksi Hampuriin: saksankielisen tervetulotoivotuksen lisäksi kullekin laivalle soitetaan sen kotimaan kansallislaulu ja laivan miehistöä tervehditään kyseisen maan lipulla.

Vaikka Hampuri on yli 1,8 miljoonan asukkaan suurkaupunki, sen läpi pyöräilemistä ei tarvitse pelätä. Jos kuitenkin haluaa välttää pyöräilyä osin ruuhkaisilla väylillä ja ihmisvilinässä, voi ajaa Wedelissä S-Bahnin asemalle ja jatkaa matkaa kaupunkijunalla (S-Bahn 1) Berliner Tor-asemalle asti, josta on lyhyt matka takaisin Elben pyöräreitille. S-Bahnissa saa kuljettaa pyöriä arkisin klo 9–16 välisenä aikana ja iltaisin klo 18 alkaen ja lisäksi viikonvaihteissa ja juhlapäivinä kellonajasta riippumatta.

Wedelin jälkeen reitti kulkee Blankenesen toinen toistaan hienompien talojen ja Elben rannan välistä. Reitti kapenee Teufelsbrückin kohdalla, jonka jälkeen samaa väylää käyttävät pitkän matkaa myös jalankulkijat, joten pyörää on ruuhkan takia varsinkin viikonloppuina talutettava. Oevelgönnessä on pieni satama museoaluksille. Sen jälkeen sekä vastarannalla sijaitseva satama että kauempana edessä häämöttävä uusi *Elbphilharmonie*-konserttitalo näkyvät yhä paremmin ja reitti siirtyy Altonasta St. Paulin kaupunginosaan. Hampurin nähtävyyksistä on saatavilla runsaasti tietoja suomeksi sekä painettuna että netissä, joten kaupungin matkailukohteita ei käsitellä tässä yhteydessä tarkemmin. Vaikka kaupungin läpi voi polkea nopeasti, kannattaa jossakin keskustan alueella pitää vähintäänkin kahvitauko. Sen voi tehdä esimerkiksi ajamalla viitoitetulta reitiltä sillan yli aivan reitin vieressä sijaitsevaan *Speicherstadt*-kaupunginosaan. Tämä punatiilisten vanhojen varastotalojen ja kanavien alue tunnetaan myös nimellä *HafenCity*; edellä mainittu Elbphilharmonie sijaitsee sekin täällä.

Keskustan jälkeen pyöräreitti mutkittelee osin yllättävästikin, joten viitoitusta tai mahdollista karttaa on seurattava huolella. Pian näkymät kuitenkin vaihtuvat avarammiksi ja maaseutumaisiksi. Neuengammessa reitin lähellä näkyy laitteisto, jolla maaperästä on pumpattu raakaöljyä. Tämä ei ole Saksassa edes harvinaista, sillä öljyä on esiintynyt ja pumpataan vieläkin muutamilla seuduilla. Maan öljyntarpeesta näin on voitu kattaa parhaimmillaankin tosin vain pari prosenttia. Neuengammessa reitin vieressä on myös tuulivoimapuisto, jonka edessä on sen tehosta ja tekniikasta kertova infotaulu. Lütjenburgissa on Hampurin eteläisin piste ja silta, jota myöten voi halutessaan siirtyä Elben eteläpuoliselle reitille. Pohjoispuolella pysytteleville seuraava välietappi on Altengamme, jonka jälkeen reitti palaa lähelle joen rantaa ja siirtyy Schleswig-Holsteinin osavaltion puolelle Geesthachtiin.

Geesthachtissa, vähän pyöräreitin eteläpuolella, on pato, jonka avulla eliminoidaan vuoroveden vaikutus tästä yläjuoksulle päin. Padon yläpuolella veden korkeus on neljä metriä merenpinnan normaalitason yläpuolella. Patoa täydentävät laivaliikennettä varten rakennetut sulut ja kaloille rakennetut kalaportaat. Geesthachtista pyöräreitti jatkuu yhtenäisen, lähinnä lehtipuita kasvavan metsän halki Lauenburgin kaupunkiin asti. Vaikka metsässä kulkevaa uraa ei ole asvaltoitu, se on kovapintaisena helppokulkuista. Reitiltä aukeaa vähän väliä näkymä Elbelle.

Lauenburgiin saavuttaessa erään edessä olevan talon seinässä näkyy, miten korkealle vesi nousi vuoden 2013 suurtulvan aikana. Samalla paikalla on myös infotaulu, joka kertoo toisen maailmansodan loppuvaiheista: keväällä 1945 brittijoukot ylittivät täällä Elben rakentamaansa ponttonisiltaa pitkin. Lauenburgin muista kohteista on tietoja seuraavassa kappaleessa.

KESKIOSUUS LAUENBURGISTA WITTENBERGIIN

Elben pyöräreitin kokonaispituus on noin 1240 km, josta Saksan alueella on 880 km ja Tshekin alueella 360 km. Tässä esiteltävä reitin keskiosuus ulottuu Hampurin läheltä Lauenburgista uskonpuhdistuksesta tunnetuksi tulleeseen Wittenbergin kaupunkiin, jonka virallinen nimi on Lutherstadt Wittenberg.

Pituus: 440 km

Vaativuustaso: Helppo. Reitti sopii hyvin myös lapsiperheille, koska reitti kulkee suurelta osin Elben tulvavalleilla, joilla ei ole autoliikennettä.

Saavutettavuus: Lauenburgiin pääsee junalla sekä Hampurin lentoasemalta (vaihto Hampurin päärautatieasemalla ja Büchenissä) että Travemündestä (vaihto Lyypekin päärautatieasemalla). Myös tässä kuvatun reittiosuuden toisesta päätepisteestä, Lutherstadt Wittenbergistä, on hyvät junayhteydet, sillä se on Berliinistä Leipzigiin ja Magdeburgista Dresdeniin johtavien pääratojen risteysasema.

Lauenburgin ja Lutherstadt Wittenbergin välinen reittiosuus sijaitsee kokonaisuudessaan UNESCOn "Flusslandschaft Elbe" -biosfäärialueella.

Lauenburgista Magdeburgin lähelle asti on olemassa kaksi vaihtoehtoista Elben pyöräreittiä, yksi joen kummallakin puolella. Joen voi ylittää tavallisesti muutaman kymmenen kilometrin välein, joko siltaa pitkin tai pientä maksua vastaan lautalla.

Ruoka & juoma: Pääosa Elben pyöräreitistä kulkee alueella, jonka ruokakulttuuri sai DDR:n aikana vaikutteita idästä. Niinpä täällä esiintyy ruokalistoilla edelleen esimerkiksi seljankakeitto. Parsanviljelyn keskuksena tunnettu Beelitz sijaitsee Elben lähellä Brandenburgin osavaltiossa; tuore parsa on keväällä ja alkukesällä tällä alueella suosittu liha- ja makkararuokien höyste. Pidetty ruokajuoma itäisessä Saksassa on mustaolut (*Schwarzbier*).

Valmismatkat: Tietoja pyöräilyvalmismatkojen järjestäjistä Elben pyöräreitillä on edellisessä kappaleessa.

Nähtävyyksiä ja käyntikohteita: Lauenburgin yli 800-vuotinen historia liittyy kiinteästi purjehtimiseen Elbellä. Kaupungin tärkein päänähtävyys on sekin Elben laivureista kertova museo. Museon ylpeys on vuonna 1900 rakennettu siipiratashöyrylaiva Kaiser-Wilhelm, joka risteilee kesäisin Lauenburgista lähistön kaupunkeihin. Lauenburgin vanhassa kaupunginosassa on runsaasti *Fachwerk*- eli ristikkorakennuksia.

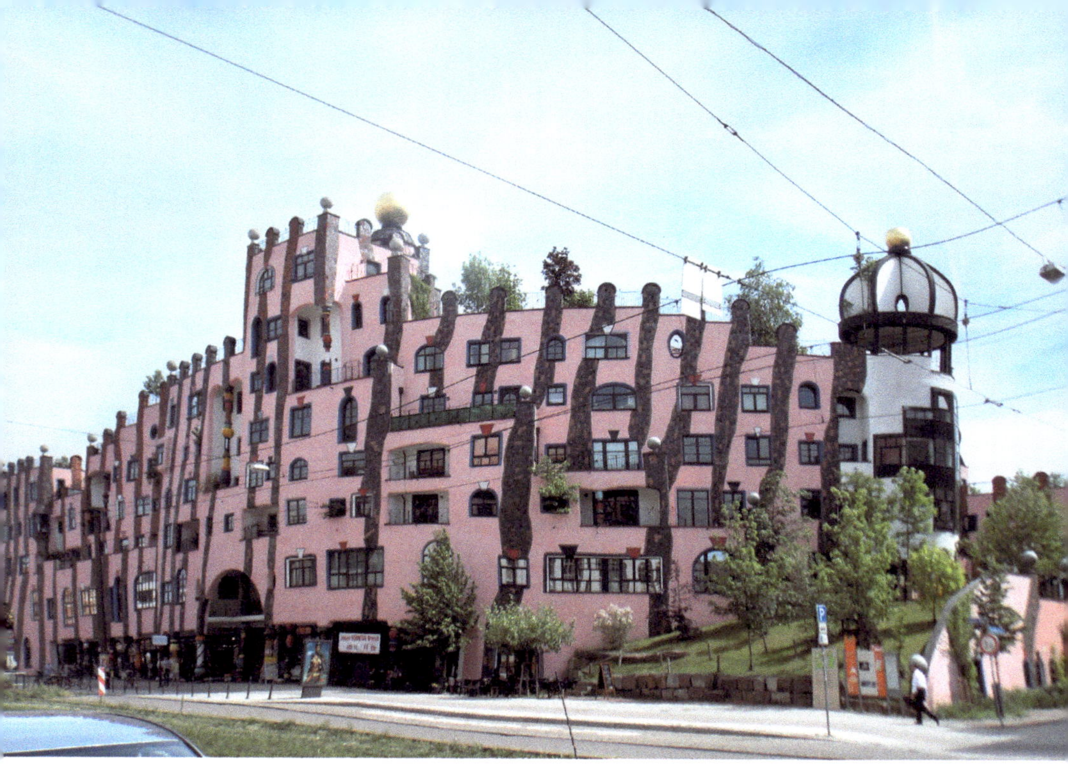

Friedensreich Hundertwasserin suunnittelema "Grüne Zitadelle" Magdeburgissa

Bleckedessä sijaitseva "Biosphaerium Elbtalaue" on biosfäärialueen informaatiokeskus, jossa kerrotaan havainnollisesti Elben luonnon erityispiirteistä, kuten joessa elävistä kalalajeista, majavista ja Elben rannoilla runsaana esiintyvistä kattohaikaroista.

Dömitzin pikkukaupungissa on 1871–73 rakennettu rautatiesilta tai pikemminkin sen raunio. Tämä silta tuhoutui osittain toisessa maailmansodassa, eikä sitä korjattu sen jälkeenkään, koska Saksan sisäinen raja kulki täällä pitkin Elbeä vuoteen 1989 asti. Sittemmin sillanraunio siirtyi Saksan rautateiden haltuun, jonka jälkeen se myytiin huutokaupalla eräälle kiinteistösijoitusyhtiölle. Dömitzin päänähtävyys on 1500-luvulla rakennettu laaja linnoitusalue museoineen.

Etelänpuoleisen reitin varrella sijaitsevassa Schnackenburgissa on DDR:n entisen rajan vartioinnista ja rajan lähellä eläneiden ihmisten kohtaloista kertova museo, "Grenzlandmuseum". Sitä täydentää Stresowin kylässä säilynyt entinen vartiotorni.

Wittenbergen kaupunkiin – jota ei pidä sekoittaa Lutherstadt Wittenbergiin – rakennettiin 1900-luvun alussa amerikkalaisen Singerin ompelukonetehtaan tehdas. Sen yhteyteen valmistui 1920-luvun lopulla vesitorni ja torniin asennettiin kello, joka on yhä käytössä ja viisarien pituuden perusteella toiseksi suurin Euroopassa – sen tuntiviisarin pituus on 330 cm. Tehtaan nimeen lisättiin 1960-luvulla VEB, Volkseigner Betrieb eli "kansan omistama yritys". Täällä valmistettujen ompelukoneiden tunnettuja tuotemerkkejä olivat Veritas ja Naumann. Kun tuotanto lopetettiin 1990-luvun alussa kannattamattomana, Wittenbergessä oli valmistettu jo yli 7 miljoonaa ompelukonetta. Samantapaisen kohtalon on itäisessä Saksassa kokenut moni muukin teollisuudenala, mutta pitkän pyörämatkan varrelle osuu myös monia uusia, hyvin menestyneitä tuotantolaitoksia.

Wittenbergen jälkeen reitin varrella on paljon tulvaniittyjä, joilla on tarjolla runsaasti kattohaikaroille sopivaa ravintoa. Elben varren asukkaat ovat tottuneet auttamaan haikaroita rakentamalla talojensa ja ulkorakennustensa katoille sopivia pesäalustoja. Niinpä kattohaikaroita voi ihailla Elben molemmin puolin: Rühstädtissä, joen pohjoispuolella, on joinakin vuosina jopa 40 asuttua haikaranpesää. Elben eteläpuolella, Wittenbergen lähellä, sijaitseva Wahrenberg on toinen kattohaikaroista tunnettu paikkakunta.

Havelbergin lähellä Elbeen yhtyy sen kolmanneksi suurin sivujoki Havel. Havelberg, jonka keskusta sijaitsee Haveljoen saaressa, kuului jo 1300-luvun puolivälissä hansaliittoon ja sai äskettäin oikeuden käyttää nimeä "Hansestadt Havelberg".

Magdeburgia lähestyttäessä näkyviin tulee kaliumin louhinnan yhteydessä hyödyntämättä jääneistä aineksista kasattu korkea vuorenselänne. Tätä korkeimmillaan 120-metristä harjannetta kutsutaan "Kalimandsaroksi". Sen laelle järjestetään kesälauantaisin opastettuja vaelluksia (www.kalimandscharo.com).

Ennen Magdeburgia pyörätien varrella on toinenkin erikoinen kohde, "Wasserstraßenkreuz" eli vesiteiden risteys. Elben yli kulkee täällä Mittellandkanal-kanava, jolle on rakennettu jättiläismäinen silta: veden pinta tässä kaukalossa on noin 18 metriä korkeammalla kuin sen alla virtaavassa Elbessä. Kanavasilta on yli 900 metriä pitkä ja sitä pääsee ihmettelemään aivan vierestä, sillalla kulkevalta pyörätieltä.

Magdeburg on kovia kokenut kaupunki. Vuonna 1631 täällä tapahtui Kolmikymmenvuotisen sodan pahin verilöyly, jolloin suurin osa kaupungin asukkaista murhattiin, raiskattiin tai ryöstettiin. Toistamiseen kaupunki tuhoutui lähes maan tasalle toisen maailmansodan ilmapommituksessa 1945.

Sodan jälkeen Magdeburgiin rakennettiin paljon elementtirakenteisia kerrostaloja, niin myös keskeisellä paikalla sijainneen, 1959 puretun Sankt-Nikolain kirkon tontille. Saksan yhdistymisen jälkeen tämä huonoon kuntoon joutunut talo haluttiin saneerata ja muutosten suunnittelijaksi värvättiin kuuluisa itävaltalainen taiteilija-arkkitehti Friedensreich Hundertwasser. Jotta hänelle jäisi suurempi vapaus toteuttaa ideoitaan, korjausten sijaan paikalle päätettiin lopulta rakentaa kokonaan uusi talo. Se valmistui 2005, vasta Hundertwasserin kuoleman jälkeen, ja sai nimen "Grüne Zitadelle". Se on nykyisin eräs Magdeburgin suosituimmista tutustumiskohteista; talossa on asuntojen lisäksi mm. hotelli, päiväkoti, teatteri ja toimistoja.

Magdeburg on Saksi-Anhaltin osavaltion pääkaupunki ja siitä käytetään myös nimeä "Ottostadt", koska Magdeburgin tuomiokirkossa on Pyhän Saksalais-roomalaisen keisarikunnan keisari Otto I Suuren (912–973) hauta.

Magdeburgin eteläpuolella Elbeen yhtyy sen toiseksi suurin sivujoki Saale, ja pian sen jälkeen pyöräreitti johtaa Dessaun kaupunkiin, jonka päänähtävyys on 1930-luvulla perustettu taideteollisuus- ja arkkitehtikoulu Bauhaus.

Dessaussa vaikutti myös lentokoneinsinööri Hugo Junkers. Hänen nimeään kantava tekniikan museo on parin kilometrin päässä Bauhausin päärakennuksesta. Täällä on nähtävänä muun muassa uudelleen rakennettu Junkers F13-lentokone – sama malli, joka oli Finnairin edeltäjäyhtiö Aeron ensimmäinen konetyyppi vuonna 1924.

Pyöräreitti kulkee Dessaun jälkeen Wörlitzin laajan puistoalueen halki. Dessau-Wörlitzin puisto, linnat ja muut rakennukset muodostavat niin ainutlaatuisen maisemakokonaisuuden, että se on hyväksytty UNESCOn maailmanperintöluetteloon.

Martti Luther naulasi 1517 teesinsä Wittenbergin linnankirkon oveen. Siksi täällä, ja koko luterilaisessa maailmassa, vietetään 2017 reformaation 500-vuotisjuhlaa. Suomen kirkkohistoriaan Wittenberg liittyy ennen kaikkea siksi, että Mikael Agricola kuunteli Wittenbergissä Filip Melanchtonin ja mahdollisesti myös Martti Lutherin luentoja. Agricola oli aloittanut Uuden testamentin kääntämisen jo ennen lähtöään Wittenbergiin, ja jatkoi täällä käännöstyötään.

Melkein kaikki Wittenbergin nähtävyydet liittyvät tavalla tai toisella uskonpuhdistukseen. Täällä on myös eräs Saksan monista Lutherille omistetuista tammista. Tänne istutettiin vuonna 1520 tammi sen muistoksi, että Luther poltti täällä, samassa paikassa kuin kulkutauteihin kuolleiden vaatteet oli tapana polttaa, paavilta saamansa uhkauskirjeen.

Lutherstadt Wittenbergissä on myös "Hundertwasserschule"-koulu, jonka runko on peräisin DDR:n aikaisesta rakennuksesta, mutta nykyinen koristeellinen ulkoasu on itävaltalaisen arkkitehti Friedensreich Hundertwasserin käsialaa. Koulussa toimivan lukion nimi on Luther-Melanchton-Gymnasium.

WESERIN PYÖRÄREITTI

Weserradweg

Pituus: noin 490 km

Vaativuustaso: Helppo, sopii myös lasten kanssa pyöräileville.

Saavutettavuus: Etelästä päin aloitettaessa reitin lähtöpaikalle, Kasselin ja Göttingenin puolivälissä sijaitsevaan Hannoversch Mündeniin, on hyvät junayhteydet niin Düsseldorfin, Hampurin kuin Frankfurtinkin lentokentiltä, mutta kahteen tai jopa useampaan junanvaihtoon on varauduttava. Jos reitin ajaa vastapäivään, lähtöpaikkana on Cuxhaven, jolloin lähimpiä lentokenttiä ovat Bremen (Ryanairin käyttämä kenttä) ja Hampuri. Sekä Hampurista että Bremenistä on hyvä junayhteys Cuxhaveniin.

Yleistä: Weserjoen vartta seuraileva pyöräreitti on eräs Saksan suosituimmista. Sen vetovoima perustuu vaihteleviin maisemiin, sillä reitti kulkee suurimmaksi osaksi asvaltoituja, hyväkuntoisia pelto- ja metsäteitä pitkin, koko ajan Weserjoen lähellä. Mukavaa vaihtelua maaseutumaisemille tuovat pienet kylät ja kaupungit, joiden taloista hämmästyttävän monet ovat perinteistä *Fachwerk*- eli ristikkorakennuksia. Ellei huo-

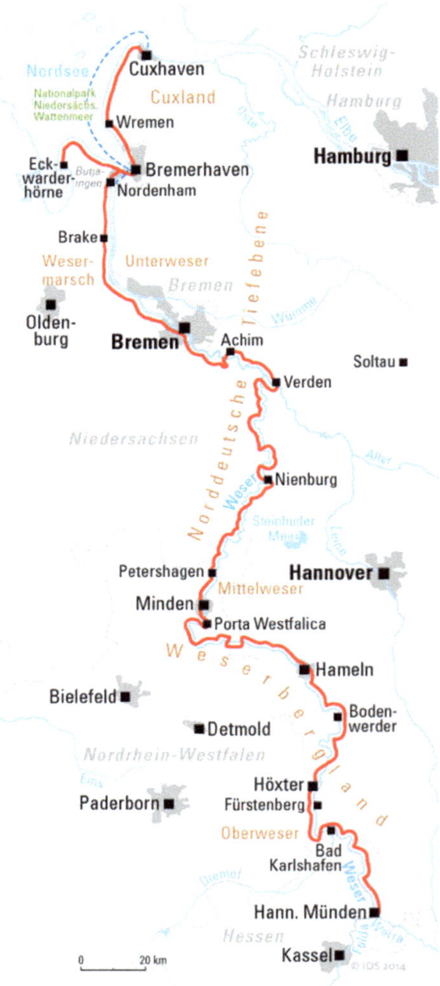

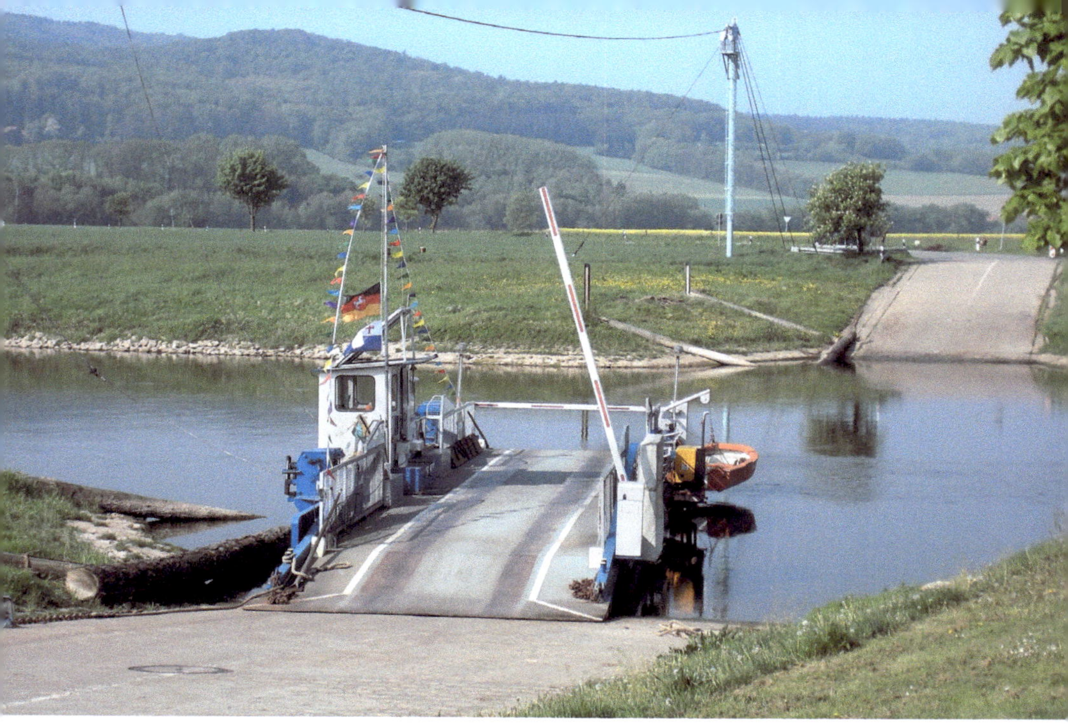

Weserin voi ylittää monessa paikassa Gierseilfährellä. Kun tällainen lossi käännetään sopivaan kulmaan, se saa liikkumiseen tarvittavan energian joen virtauksesta.

mioon oteta alueita, joista kaivetaan hiekkaa ja soraa, reitin varrelle osuu vain vähän teollisia näkymiä. Lampaita – ja Pohjanmerta lähestyttäessä yhä useammin myös lehmiä – laiduntaa reitin varrella monin paikoin. Joen varrella on useita linnoja ja vanhoja tuuli- ja vesimyllyjä. Ensisijaisesti suositeltu reittivaihtoehto kulkee vuoroin Weserin länsi- ja vuoroin itäpuolella; joen voi ylittää monessa paikassa joko siltaa pitkin tai joen virtausenergiaa hyväksi käyttävillä *Gierfähre* eli *Gierseilfähre* -lautoilla. Weserin varrella näiden lauttojen yläpuolella on joen yli pingotettu vaijeri, johon lautta on kiinnitetty. Lautan liikuttamiseksi se käännetään virtaukseen nähden sopivaan kulmaan; alkuvauhti annetaan rannalta työntämällä. Joen yli kulkevat lautat ovat maksullisia, mutta kuljetusmaksu on pyöräilijältä vain pari euroa.

Saksan keskivuoristoon kuuluvan Weserin ylängön jälkeen, Mindenin kaupungin lähellä, reitti johtaa ”Westfalenin portin” (Porta Westfalica) kautta Pohjois-Saksan alangolle. Bremerhavenissa Weser laskee Pohjanmereen; reitin viimeinen osuus Bremerhavenista Cuxhaveniin kulkee Pohjanmeren rannalla.

Osan matkasta voi halutessaan taittaa myös jokilaivalla. Varsinkin Bad Karlshafenin ja Bremenin välillä liikennöi aluksia, joiden kyytiin otetaan myös polkupyöriä. Lisätiedot: www.flotte-weser.de.

Weserjoen pyöräreitti on saman valtakunnallisen D9-pyöräreitin pohjoinen osa, jonka eteläosa on Füssenistä Würzburgiin johtava Romanttisen tien pyöräreitti.

RUOKA & JUOMA: Parsa on alkukesällä tälläkin alueella korkealle arvostettu herkku; parsakausi kestää vanhaan juhannuspäivään eli 24. kesäkuuta asti. Bremenin perinneruoka on *Knipp*-ryynimakkara, joka nautitaan rapeaksi paistettuna, hapankurkun kera. Pohjanmeren rannikon erikoisuuksia ovat katkaravut *(Krabben)*, jotka keitetään merivedessä heti kun saalis on nostettu aluksen kannelle. Kun ravunpyynnissä ollut laiva tulee rantaan, osa saaliista myydään yleensä jo satamassa odottaville asiakkaille. Pohjanmeren rannikolla viljellään paljon lehtikaalia (*Grünkohl*). Sitä syödään varsinkin myöhäissyksyllä ja talvella. Eräs tunnetuimmista saksalaisista olutmerkeistä, *Beck's*, on kotoisin Bremenistä. Tätä vihreissä pulloissa myytävää olutta viedään nykyisin noin 120 maahan.

VALMISMATKAT: Monilla pyörämatkanjärjestäjillä on ohjelmassaan pakettimatkoja, joihin kuuluvat yöpymiset, aamiaiset ja matkatavaroiden kuljetukset. Usein nämä matkat alkavat Hannoversch Mündenistä ja päättyvät joko Hamelniin (sis. tavallisesti 4 yöpymistä) tai Bremeniin (sis. noin 8 yöpymistä). Lähempiä tietoja: www.solling-vogler-region.de.

NÄHTÄVYYKSIÄ JA KÄYNTIKOHTEITA: Weserjoki alkaa saksalaisen sanonnan mukaan paikalta, jossa "Werra ja Fulda suutelevat toisiaan" eli paikasta, jossa nämä kaksi jokea yhtyvät. Weserjoen pyöräreitin eteläinen aloituspiste on sekin näiden jokien yhtymäkohdassa, Mündenin kaupungissa. Yleensä tästä kaupungista käytetään nimeä Hannoversch Münden tai sen lyhennettyä muotoa Hann. Münden. Tämän etuliitteen avulla pyritään välttämään sekaannukset, sillä parinsadan kilometrin päässä, samoin Weserin varrella, on Mindenin kaupunki.

Rautateitse Hannoversch Mündeniin saapuvat näkevät heti junasta noustuaan hyvän esimerkin siitä, miten pyöräilijät otetaan huomioon Saksassa. Asemarakennuksen vieressä on nimittäin pyörien säilytystä varten teräsverkosta rakennettu tilava lukittava varasto.

Ennen varsinaisen pyöräilyosuuden alkua Hann. Mündenissä kannattaa käydä katsomassa ainakin kaupungin raatihuonetta. Kaupungin paraatipaikalla raatihuoneessa on myös kaupungin matkailutoimisto, josta voi vielä ennen matkan alkua käydä kysymässä ajankohtaisia vinkkejä. Rakennustyyliltään raatihuone edustaa, kuten monet muutkin arvorakennuksen tämän pyöräreitin varrella, niin sanottua Weserin renessanssia. Mündenin raatihuoneen kulmassa on merkintöjä, jotka kertovat poikkeuksellisen tuhoisien tulvien vedenkorkeudet.

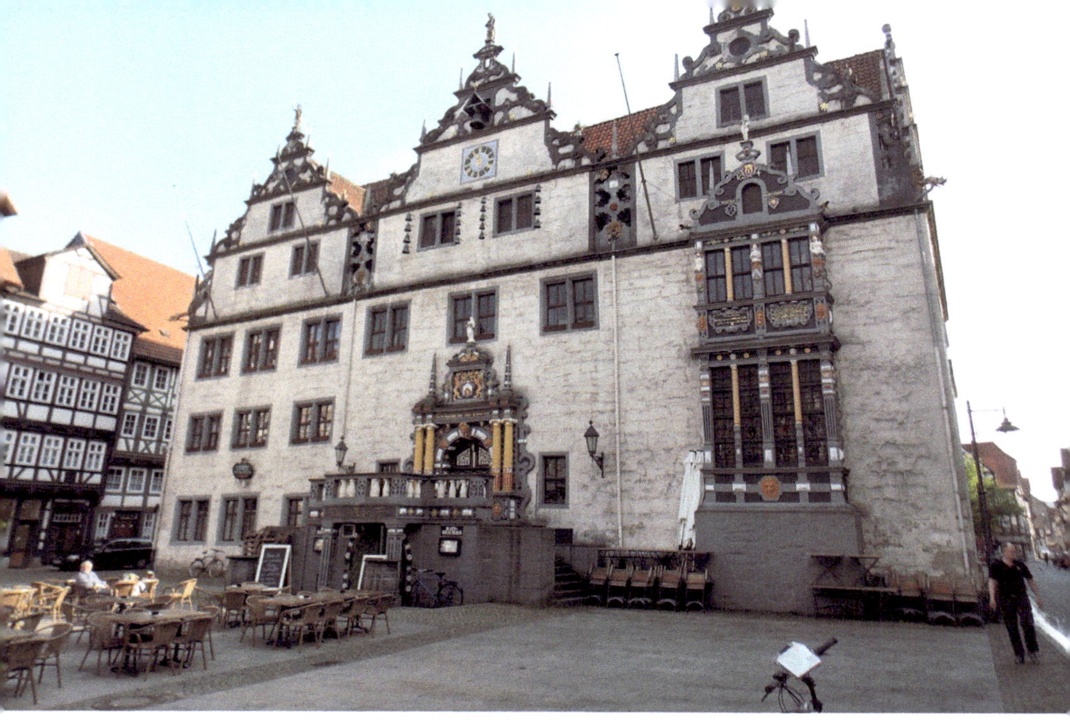

Hannoversch Mündenin raatihuone edustaa niin kutsuttua Weserin renessanssia.

Tekemällä kilometrin mittaisen ylimääräisen lenkin Unterer Tanzwerder-nimiselle, sillalla yhdistetylle Fuldajoen saarelle voi käydä katsomassa 1899 puiden siimekseen pystytettyä Weserin muistokiveä. Siihen on kirjoitettu edellä mainittu runonpätkä Weser- ja Fuldajokien ”suudelmasta”.

Reitti kulkee aluksi seudulla, jossa kielitieteilijät Jacob ja Wilhelm Grimm kokosivat ja sepittivät 1800-luvun alkupuolella satujaan. Niinpä parinkymmenen kilometrin päässä Hann. Mündenistä sijaitsevaa Oedelsheimia pidetään Saapasjalkakissan ja läheistä Gieselwerderiä Lumikin ja seitsemän kääpiön kotiseutuna.

Jo alkumatkalla kulkijalle tarjoutuu myös tilaisuus tutustua joen yli ilman moottoria kulkevaan lauttaan eli *Gierseilfähre*en. Tällaisia pikku lauttoja liikennöi vielä paitsi Weserillä myös Elbe- ja Saalejoilla. Täällä ne on kiinnitetty paikoilleen joen yli kulkevan vaijerin varaan, Saalen ja Elben vastaavat lautat on kiinnitetty joelle ankkuroituihin poijuihin.

Reitti kulkee alkumatkalla lyhyesti Hessenin osavaltion pohjoisimman nurkan kautta. Täällä sijaitsee kylpyläkaupunki Bad Karlshafen, jonne asettui 1700-luvulla asumaan uskontonsa vuoksi Ranskasta karkotettuja hugenotteja. Nykyisin Bad Karlshafen tunnetaan ennen kaikkea terveyskylpylästään. Sen *Gradierwerk*-seinä, jonka äärellä voi pysähtyä hengittelemään suolahiukkasia sisältävää ilmaa, sijaitsee aivan pyöräreitin vieressä. Suolapitoista vettä pumpataan *Gradierwerk*-seinän yläosaan, josta se valuu oratuomen oksista kootun tiheän piikkipensaikon läpi. Tällöin seinämän viereiseen ilmaan muodostuu mikroskooppisen pieniä suolahiukkasia ja paikalle syntyy samantapainen pienilmasto, mikä vallitsee valtamerten rannoilla. Kylpylään kuuluu myös saunaosasto, jossa saa halutessaan yleiskuvan saksalaisten monenlaisista saunoista – ja monenmoisista saunomistavoista.

Würgassenissa Weserin maisemia voi ihailla 80 metriä joen pinnan yläpuolella sijaitsevalta näköalapaikalta. Sen teräksestä rakennettu *Skywalk*-tasanne yltää viiden metrin päähän vuorenseinämästä ja tarjoaa esteettömän näkyvyyden Weserin laaksoon.

Pääreittiä edettäessä Würgassenissa näkyy joen vastakkaisella puolella suuri autio teollisuusrakennus, jonne johtaa voimalinja. Se on Würgassenin atomivoimala, joka oli käytössä 1975–94 ja ajettiin alas sen jälkeen kun sen reaktoriytimen teräsvaipassa oli havaittu hiushalkeamia.

Jos siirtyy Beverungenissa Weserin itäpuolella kulkevalle vaihtoehtoiselle reitille, voi käydä Fürstenbergin linnassa ja tutustua siellä posliinin valmistukseen. Linnan yhteydessä toimii nimittäin perinteikäs Fürstenbergin posliinimanufaktuuri, jonka tuotemerkki on sininen F-kirjain. Linna näkyy hyvin myös joen länsipuolella kulkevalle pääreitille.

Ristikkorakennukset ja kapeat kujat houkuttelevat pysähtymään Höxterissä. Pyörämatkailun kannalta Höxter on keskeisellä paikalla, sillä Weserin pyöräilyreitin lisäksi tämän pikkukaupungin kautta kulkee itä-länsi-suuntainen pyörämatkailun valtaväylä, *Europa-Radweg R1*. Höxterin laidalla sijaitseva Corveyn linna liitettiin 2014 UNESCOn maailmanperintöluetteloon. Se oli vuosisatojen ajan ennen kaikkea luostari ja tärkeä hengellinen keskus, josta käsin kristinusko vakiintui Pohjois-Saksaan. Weserin pyöräreitti kulkee aivan linnan vierestä; monet linnan tiloista ovat nykyisin matkailukäytössä. Saksan kansallislaulun, *Das Lied der Deutschen*, sanoittaja August Heinrich Hoffmann von Fallersleben toimi täällä linnan kirjastonhoitajana. Linnan vierellä on myös hänen hautansa.

Vain vähän Corveyn pohjoispuolella sijaitseva Holzminden on ”tuoksujen ja aromien kaupunki”. Täällä kehitettiin 1800-luvun lopulla menetelmä, jolla voidaan valmistaa luonnollista vanilja-aromia eli vanilliinia synteettisesti puun ligniinistä. Tuoksu- ja makuaineita valmistava teollisuus on siitä asti ollut Holzmindenin tärkein työllistäjä. Matkailijatkin voivat testata täällä hajuaistiaan: kaupunkiin on viitoitettu kävelyreitti, jonka varrella on 15 erityistä tuoksupylvästä. Näillä kävelyreitin taukopaikoilla on metallinen putki ja sen päässä hattu, jota raottamalla voi yrittää tunnistaa kulloisenkin kasvin tuoksun ja lukea asiaan liittyviä taustatietoja.

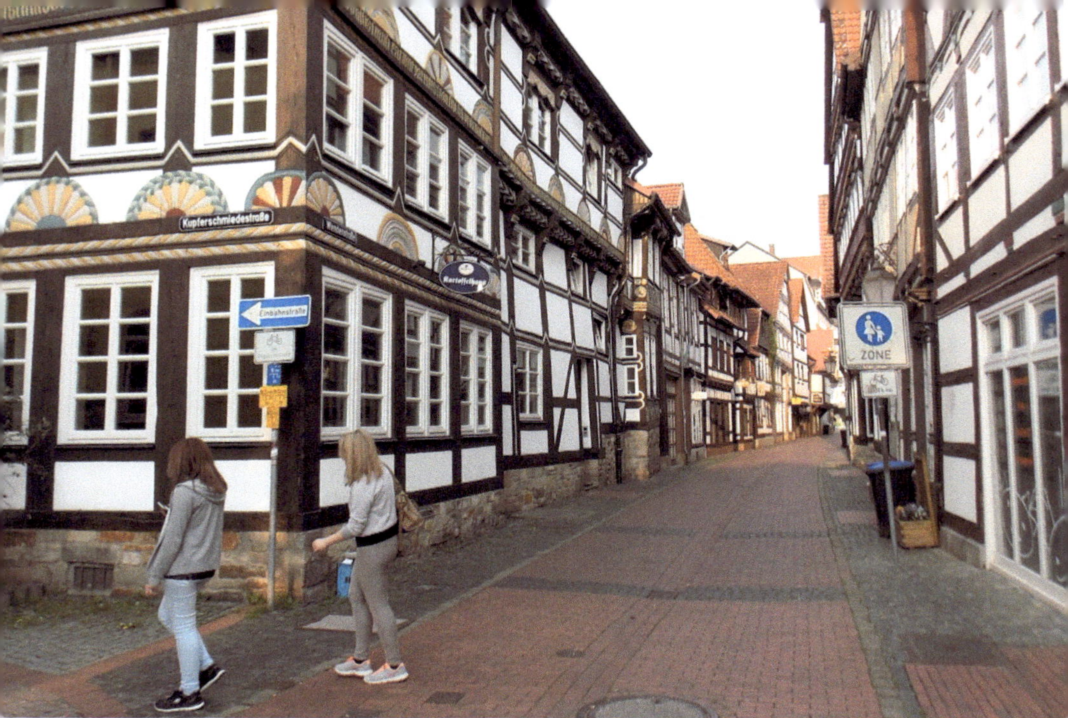

Fachwerk -taloja Hamelnin vanhassa kaupungissa. Kuvassa näkyvä kuja on varattu jalankulkijoille, mutta liikennemerkin lisäkilvestä ilmenee, että pyöräilykin on alueella sallittua iltakahdeksan ja aamukymmenen välisenä aikana.

Parin joenmutkan jälkeen saavutaan Bodenwerderiin, joka on paroni von Münchhausenin kotipaikka. Tämän 1700-luvulla eläneen vapaaherran värikkäisiin vaiheisiin voi tutustua opastetulla kiertokävelyllä Bodenwerderin vanhassa kaupungissa tai von Münchhausenin museossa. Museon lähellä on kaksi tämän valehtelijaparonin urotöistä kertovaa veistosta: toisessa nähdään, miten von Münchhausen ratsastaa aitapuomin kahtia katkaisseen hevosen etuosalla, ja toinen esittää, kuinka paroni kiskoo itsensä ja hevosensa ylös suosta omista hiuksistaan vetämällä.

Matka jatkuu sadunomaisissa merkeissä, sillä seuraava huomattava paikkakunta on Hameln. Tämä kaupunki pääsi vuonna 1284 eroon rotista, kun Hamelnin pillipiipariksi kutsuttu huilunsoittaja lumosi jyrsijät soitollaan ja johdatti ne hukuttautumaan Weserin aaltoihin. Sadun karmea loppu kertoo, miten kävi, kun kaupunkilaiset kieltäytyivät maksamasta huilunsoittajalle luvattua palkkiota: nyt pillipiipari lumosi soitollaan kaupungin lapset ja houkutteli heidät läheiselle vuorelle, jonka sisään he katosivat. Hameln on Grimmin satujen julkaisemisesta asti ollut ”rotanpyydystäjän kaupunki”

(*Rattenfängerstadt*) ja on sitä yhä. Kesäkaudella täällä voi virittäytyä myyttiseen rottatunnelmaan joka keskiviikko esitettävän "RATS"-musikaalin myötä. Muina aikoina samaan lopputulokseen pääsee kiertämällä "Rotanpyydystäjän jalanjäljillä" -lenkin vanhassa kaupungissa. Tämä kävelykierros on merkitty kadun kiveykseen rotankuvilla. Sekä raatihuoneen edustalla että tärkeimmän kävelykadun varrella nähdään lisäksi Hamelnin pillipiiparia esittävä veistos.

Lukuisista *Fachwerk*-ristikkotaloistaan tunnetun Rintelnin kaupungin jälkeen reitin varrella näkyy jättiläismäinen kivihiilivoimalaitos. Sen päästöt eivät kuitenkaan enää kiusaa tämän seudun asukkaita, sillä voimalaitoksen tuotanto lopetettiin 2015. Vaihtoehtoisia laitoksia energian tuottamiseksi – tuulimyllyjä, aurinkopaneeleita ja biovoimalaitoksia – näkyy reitin varrella tiheästi.

Reitti jatkuu nyt jonkin matkaa Nordrhein-Westfalenin osavaltiossa. Bad Oyenhausenin lähellä alkaa kuulua yhä voimistuva liikenteen pauhu ja syy siihen selviää tuota pikaa: pyöräreitti ylittää täällä erään Saksan vilkkaimmista moottoriteistä (*Autobahn* A2). Pyörätien sillalta näkyy, miten autot vyöryvät kumpaankin suuntaan kolmea kaistaa lähes yhtäjaksoisina jonoina.

Pian tämän jälkeen reitti sukeltaa Porta Westfalicassa kahden korkean vuoren väliin. Katse kannattaa nyt suunnata korkealle, sillä ylhäällä vuorenrinteessä kohoaa monumentaalinen keisari Wilhelmin I:n muistomerkki. Se ilmentää kansallisuusaatetta, jonka innoittamana eri puolille Saksaa pystytettiin 1800-luvun lopulla suuria, jopa jättiläismäisiä muistomerkkejä. Pyörätieltä on vaikea arvioida tämän hiekkakivestä tehdyn muistomerkin mittoja: Preussin kuningasta – ja vuodesta 1871 lähtien koko Saksan keisaria – Wilhelmiä esittävän patsaan korkeus on 7 metriä ja sitä suojaa 50 metriä korkea katosrakennelma.

Mindenissä on tekniikasta kiinnostuneille suositeltava käyntikohde: lähes 400 metriä pitkä silta, jonka avulla *Mittellandkanal*-kanava johdetaan Weserin yli 13 metrin korkeudessa. Kanavaa varten rakennetun sillan uoma on 42 metriä leveä ja 4 metriä syvä. Weserin pyöräreitti johtaa tämän vesiteiden risteyksen (*Wasserstraßenkreuz*) läheltä, mutta myös kanavasiltaa pitkin kulkee pyörätie, joten sitä pääsee halutessaan tarkastelemaan aivan vierestä. Tätä kanavasiltaa suurempi vastaava rakennelma Saksassa on vain Magdeburgin lähellä (katso Elben pyöräreitin selostus).

Mindenin pohjoispuolella maisemat muuttuvat. Kukkulat ovat täällä matalampia ja maasto muuttuu yhä tasaisemmaksi. Parinkymmenen kilometrin päässä Mindenistä, Schlüsselburgissa, on 1600- ja 1700-lukujen vaihteesta säilynyt erikoinen "latokortteli", 26 lähekkäin rakennettua heinä- ja viljamakasiinia. Nämä makasiinit on rakennettu pääosin *Fachwerk*-tekniikkaa käyttäen eli hirsistä tehdyn ristikkorakenteen väleissä on oksapunos, joka on täytetty savella muuraamalla.

Nienburg ympäristöineen tunnetaan parsanviljelystä. Nienburgin kävelykadun katseenvangitsija on parsankäsittelyä kuvaava muistomerkki ja kaupungissa on jopa parsanviljelystä kertova museo. Nienburgissa on niin paljon perinteisiä ristikkorakenteisia taloja (*Fachwerkhaus*), että se on yksi tähän teemaan keskittyvän automatkailureitin etapeista.

Valitsemalla Hoyassa Weserin itäpuolta seuraavan vaihtoehtoisen reitin voi käydä Barmessa, jossa on susiin erikoistunut eläinpuisto (www.wolfcenter.de). Täällä elää kaksi susilaumaa, joita voi seurata niiden tarkkailua varten rakennetuilta tasanteilta. Susiaitauksen lähelle voi myös majoittua, joten siellä yöpyvillä on tilaisuus herätä suden ulvontaan!

Bremeniä lähestyttäessä Pohjanmerelle on enää vajaat sata kilometriä. Weserin yläjuoksulla tyypillisten mustavaristen lisäksi jokivarressa näkyy nyt lokkeja ja jopa merimetsoja. Lähestyvän Pohjanmeren rannikon vaikutus ilmenee siinäkin, että ”Hallo!” -tervehdyksen sijaan moni vastaantuleva pyöräilijä huikkaa täällä ”Moin!”.

Hansakaupunki Bremen on oma osavaltionsa. Bremenin soittoniekat – aasi, koira, kissa ja kukko – ovat sadusta tuttuja suomalaisillekin. Bremenin soittoniekkoja esittävä patsas on kaupungin raatihuoneen kulmalla. Sen ympärillä parveilevista turisteista päätellen patsas lienee kaupungin eniten kuvattu kohde. Grimmin sadussa nämä eläimet lähtevät Bremeniin, joka oli tunnettu vapaudestaan. Samaa vapautta ja itsemääräämisoikeutta symboloi Bremenin raatihuoneentorilla vuodesta 1404 alkaen seissyt Rolandin patsas. Eri puolilla Saksaa on yli kaksikymmentä muutakin Rolandia esittävää patsasta, mutta Bremenin Roland on niistä merkittävin – se on jopa hyväksytty UNESCOn maailmanperintölistalle. Näiden patsaiden ohella Bremenin suosittu matkailukohde on sen vanha kaupunginosa *Schnoor*. Sen kapeiden kujien varsilla asui alun perin käsityöläisiä ja Weserin kalastajia, nyt alueen ovat vallanneet matkamuistokaupat ja kahvilat. Bremenin vetovoimaisia käyntikohteita ovat myös St. Petri -tuomiokirkko, laaja alppiruusupuisto ja tiedekeskus Universum.

Noin viiden kilometrin päässä Bremenin keskustasta on ”Neue Vahr”-niminen kaupunginosa. Sen kauas näkyvä maamerkki on arkkitehti Alvar Aallon 1950-luvun lopussa suunnittelema kerrostalo. Tämä 21-kerroksinen rakennus on nykyisin suojelukohde.

Lehmiä näkee kaikkialla Bremenin seudulla. Maitotuotteita – jugurtteja, pirtelöitä, juustoja – saa täällä ostaa itsepalveluperiaatteella toimivista pikku mökeistä, jotka tunnetaan nimellä *Melkhus*. Niitä on myös Weserin pyöräilyreitin varrella, esimerkiksi Berne-Ohrtissa. Maitotuotteiden lisäksi Melkhus-mökeistä saa kahvia. Berne-Ohrtin Melkhusin läheltä voi jatkaa pääreitillä vain, jos uskaltaa ylittää erään Weserin sivujoen kapeaa rautatiesillan levikettä pitkin. Silta on tukeva ja siinä on kaidekin, mutta se on rakennettu teräsverkosta, jonka läpi alla oleva vesi näkyy. Vaihtoehtoinen reitti johtaa

"Elsflether Sand" -nimisen Weserin saaren kautta. Sitä käyttävät pyöräilijät joutuvat kiertotien lopussa ylittämään *Huntesperrwerk*-sulun, joka avataan pyöräilijöille vain kerran tunnissa.

Vuolaasti virtaava Weser kuljettaa mukanaan suuria määriä hiekkaa ja maata, joten se muuttuu alajuoksulla vähitellen yhä matalammaksi. Niinpä Bremen tarvitsi 1800-luvun alussa välttämättä syvemmän sataman, varsinkin kun joella liikkui yhä suurempia laivoja. Siksi Weserin suistoon perustettiin uusi satamakaupunki, Bremerhaven. Syntyhistoriansa vuoksi se kuuluu Bremenin osavaltioon, vaikka näiden kaupunkien välinen etäisyys on 50 kilometriä; sekä Bremeniä että Bremerhavenia ympäröi *Niedersachsen* eli Ala-Saksin osavaltio.

Bremerhavenia lähestyttäessä matkan varrella näkyy useita sulkuportteja, joiden avulla poikkeuksellisen korkeita nousuvesiä voidaan estää tulvimasta asutulle alueelle. Nousuvesien ja tulvien varalta rakennetut suojavallit ovat sitä korkeampia, mitä lähemmäs Pohjanmerta tullaan.

Bremerhaven on Hampurin jälkeen Saksan toiseksi suurin satamakaupunki ja eräs maailman suurimmista konttisatamista. Kaupungin nähtävyydetkin liittyvät tavalla tai toisella mereen – täällä on myös Saksan merenkulkumuseo. Museon vieressä sijaitsevan sataman katseenvangitsija on sukellusvene "Wilhelm Bauer", mutta suomalaisesta näkökulmasta vähintään yhtä suuren huomion ansaitsee parkkialus "Seute Deern". Se nimittäin kuului 1932–38 Suomen kauppalaivastoon ja kuljetti silloin puutavaraa Itämeren liikenteessä "Bandi"-nimisenä nelimastokuunarina. Sitä paitsi siihen pääsee tutustumaan, sillä laivassa toimii ravintola. Satamakaupunkina Bremerhavenilla on muitakin kytköksiä Suomeen – eräs sen ystävyyskaupungeista on Pori.

Suurta laivaa muistuttavassa rakennuksessa sijaitseva "Klimahaus Bremerhaven 8^0 Ost" esittelee ilmaston vaikutusta elinolosuhteisiin kuljettaessa eri puolille maapalloa kahdeksatta pituuspiiriä pitkin. Sen sisällä voi kokea parissa tunnissa niin Nigerin aavikon uuvuttavan kuumuuden, Antarktiksen hyytävän kylmyyden kuin Samoan trooppisen merenrannankin. Lisätietoja: www.klimahaus-bremerhaven.de.

Bremerhavenin keskustasta on lauttayhteys Weserin vastarannalle Nordenhamiin, josta Weserin pyöräreitin vaihtoehtoinen loppuosuus johtaa Butjadingenin niemen rantaa pitkin Jadebusenin lahdelle, Eckwarderhörneen.

Yli seitsemän miljoonaa ihmistä lähti 1800- ja 1900-luvuilla Bremerhavenin kautta siirtolaiseksi, useimmiten Pohjois-Amerikkaan. Tätä aihepiiriä käsitellään monipuolisesti Deutsches Auswandererhaus -museossa. Lisätietoja: www.dah-bremerhaven.de.

Pääreitti kulkee Bremerhavenin keskustan jälkeen noin viisi kilometriä konttisataman alueella. Satama on Euroopan suurin ajoneuvojen lastauspaikka; sen kautta kulkee vuosittain noin 1,3 miljoonaa autoa.

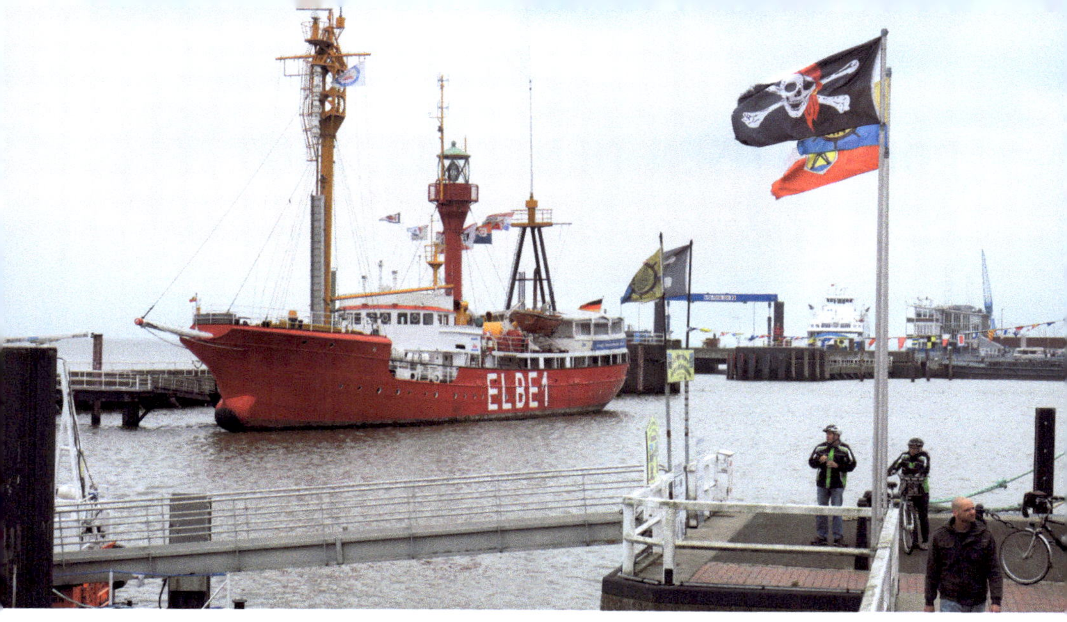

Majakkalaiva Elbe 1 on nyt museo Cuxhavenin Alte Liebe -laiturin lähellä.

Loppumatkalla maisemat muuttuvat jälleen täydellisesti, kun Weserin pyöräreitti jatkuu Pohjanmeren rantaviivaa seuraten. Dorum-Neufeldissa kohoaa historiallinen Obereversandin majakka ja hiekkadyynien lomasta tulee näkyviin vuoroveden huuhtoma alava merialue, *Wattenmeer*. Opastetut kävelyretket näillä matalikoilla ovat laskuveden aikana erittäin suosittuja. Pian näkyy myös Cuxhavenin edustan 30 metrin korkuinen merimerkki "Kugelbake". Monet Amerikkaan siirtolaiseksi lähteneet aloittivat matkansa Cuxhavenista, ja tämä merimerkki oli viimeinen kiinteä rakennelma, minkä he näkivät vanhasta mantereesta. Kugelbakea pidetään myös Elben ja avomeren välisenä rajamerkkinä. Vaikka Pohjanmereltä saatavat kalansaaliit ovat pienentyneet, Cuxhaven on edelleen merkittävä kalanjalostuskeskus. Se on myös monien katkarapujen pyyntiin erikoistuneiden alusten kotisatama. Kalasataman keskellä on Cuxhavenin uusi meriaiheinen museo "Windstärke 10". Sen näyttelyt kertovat kalastajien uurastuksesta myrskyävällä Pohjanmerellä, haaksirikoista ja laivojen hylyistä. Lisätietoja: www.windstaerke10.net.

Cuxhavenin sataman näköalatasanne on nimeltään *Alte Liebe* eli "Vanha rakkaus". Sen vierestä voi lähteä meriretkelle Neuwerkin saareen tai kauempana Pohjanmerellä sijaitsevaan Helgolandiin.

Cuxhavenista on junayhteydet sekä Bremenin suuntaan sisämaahan päin että Elben vartta seuraten Hampuriin.

ROMANTTISEN TIEN PYÖRÄREITTI

Radweg Romantische Straße

Pituus: Noin 440 km

Vaativuusaste: Kohtalaisen vaativa, sillä reitillä esiintyy paikoitellen jyrkkiä mäkiä. Ajosuuntaa pohdittaessa ei kannata kiinnittää huomiota pelkästään korkeuseroihin: Füssen sijaitsee lähes 600 metriä korkeammalla kuin Würzburg, mutta "alamäkiedun" voi menettää tuulensuunnan vuoksi, sillä useimmiten tuulet puhaltelevat täälläpäin luoteesta tai lännestä. Alppiseudulla sää saattaa olla keväällä viileää.

Saavutettavuus: Lento Suomesta Frankfurtiin, josta lyhyt junamatka Würzburgiin. Etelästä päin aloitettaessa kätevin on lento Müncheniin ja siirtyminen sieltä junalla Füsseniin. Vaihtoehtoisesti sekä Frankfurtin että Münchenin keskustan linja-autoasemilta pääsee Romanttiselle tielle huhtikuun puolivälistä lokakuun puoliväliin päivittäin suoraan busseilla. Pyöräretkeilyn lisäännyttyä Romanttisen tien matkailubusseilla alettiin jo 1994 kuljettaa myös polkupyöriä. Reitiltä voi siten valita mieleisensä osuuden ja kuljettaa pyöränsä takaisin bussin kyydillä (lisätietoja: www.romanticroadcoach.de).

Yleistä: Mainjoen varrelta Würzburgista Alppien juurelle Füsseniin johtava Romantische Straße on eräs Saksan tunnetuimmista matkailuteistä. Se viitoitettiin jo vuonna 1950, jolloin vain harvoilla oli mahdollisuus matkailla omalla autollaan. Sodan jälkeisenä aikana turismi Romanttisella tiellä perustuikin suurelta osin linja-autoilla järjestettyihin ryhmämatkoihin. Bussit tuovat nykyisinkin sankoin joukoin matkailijoita Romanttiselle tielle ja se on yhä suosittu myös omalla autolla liikkuvien keskuudessa. Parhaiten tämän matkailureitin vaihteleviin maisemiin voi kuitenkin tutustua pyöräilemällä tai vaeltamalla.

Romanttisen tien pyöräreitti kulkee samansuuntaisesti kuin autoilijoille tarkoitettu matkailutiekin, mutta etupäässä sellaisilla pelto- ja metsäteillä, joilla moottoriajoneuvojen käyttö on sallittu ainoastaan maanviljelijöille, metsureille tai tietä muutoin työtehtäviensä takia kulkeville. Paikoitellen pyöräilijä joutuu ajamaan myös maanteillä, mutta näillä tieosuuksilla on vain vähän liikennettä. Reitti on osa Saksan läpi kulkevaa pitkän matkan pyöräilyreittiä (D9), joka jatkuu Würzburgista Fuldan ja Kasselin kautta pohjoiseen, edelleen Weserjoen vartta Bremeniin ja sieltä Cuxhaveniin.

Romanttisen tien pyöräreitti kulkee lähes kokonaan Baijerin osavaltion alueella, mutta eräs sen viehättävimmistä pyöräilyosuuksista, Tauberjoen laakso, sijaitsee Baden-Württembergissä. Saksan pyöräilijöiden kattojärjestö ADFC on luokitellut Tauberin ran-

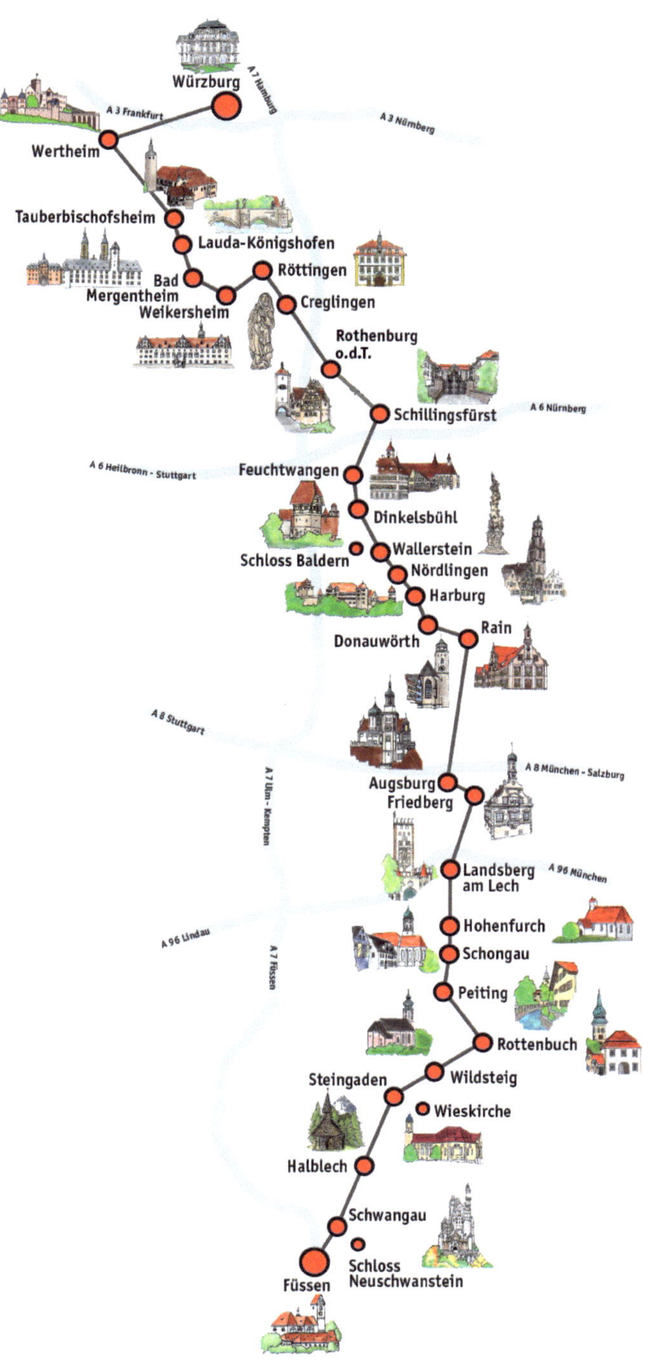
Würzburg
A 7 Hamburg
A 3 Frankfurt
A 3 Nürnberg
Wertheim
Tauberbischofsheim
Lauda-Königshofen
Bad Mergentheim
Weikersheim
Röttingen
Creglingen
Rothenburg o.d.T.
Schillingsfürst
A 6 Nürnberg
A 6 Heilbronn - Stuttgart
Feuchtwangen
Dinkelsbühl
Schloss Baldern
Wallerstein
Nördlingen
Harburg
Donauwörth
Rain
A 8 Stuttgart
A 7 Ulm - Kempten
A 8 München - Salzburg
Augsburg
Friedberg
Landsberg am Lech
A 96 München
A 96 Lindau
Hohenfurch
Schongau
A 7 Füssen
Peiting
Rottenbuch
Wildsteig
Steingaden
Wieskirche
Halblech
Schwangau
Schloss Neuschwanstein
Füssen

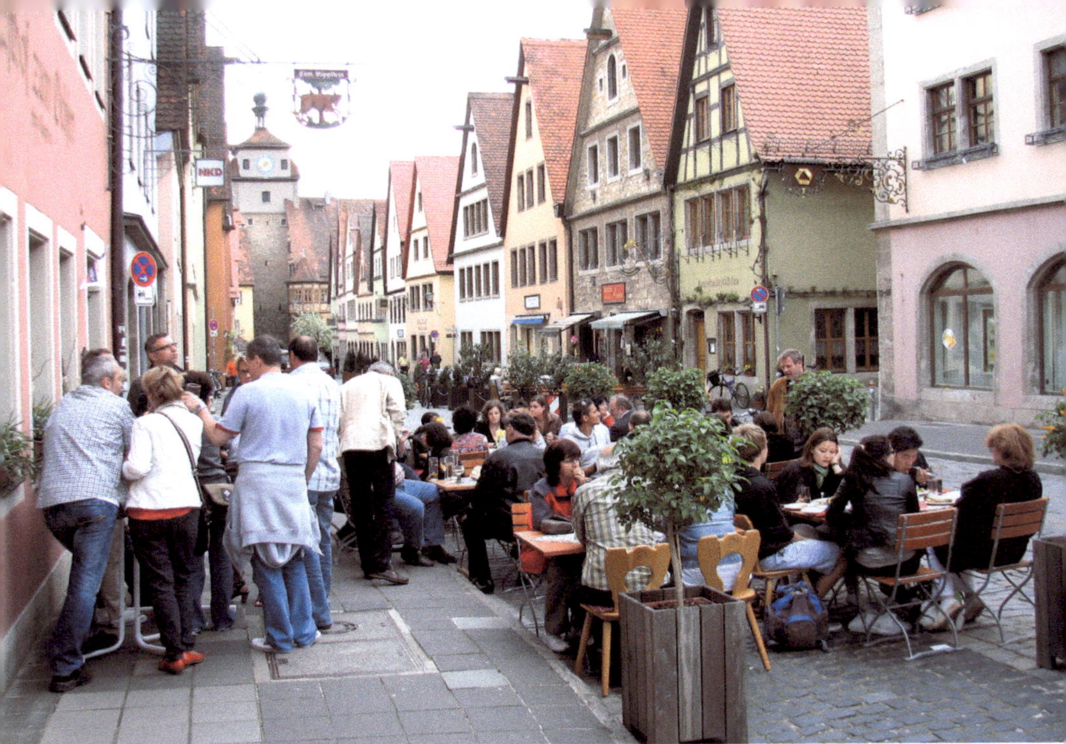

Keskiajan tunnelmaa voi aistia Rothenburg ob der Tauberissa. Suurin osa tämän pikkukaupungin taloista säästyi sekä Kolmikymmenvuotisen sodan että toisen maailmansodan hävitykseltä.

taa seurailevan pyörätien (*Liebliches Taubertal – Der Klassiker*) viiden tähden arvoiseksi eli pyöräreittien parhaimmistoon kuuluvaksi.

Reitti kulkee lähes koko matkan jonkin joen läheisyydessä. Sen pohjoinen aloituspaikka on Mainjoen varrella sijaitseva Würzburg. Tauberjoen laakson jälkeen reitti kulkee pienen Wörnitzjoen lähellä, ja Tonavan ylitettyään siihen etelästä laskevan vuolaan Lechjoen tuntumassa. Matkan loppupuolella, Schongaun pikkukaupungin jälkeen, pyöräilijä voi valita joko itäisen tai läntisen vaihtoehdon; reitit yhdistyvät jälleen Wiesin kirkon luona.

RUOKA & JUOMA: Pyörämatkailija löytää Romanttisen tien varrelta lukemattomia ravintoloita, joissa tarjoillaan paikallisia herkkuja, kuten siansorkkaa mykyjen kera (*Schweinshaxe mit Knödeln*). Baijerissa pidetään porsaanlihasta ja porsaanpaisti (Etelä-Saksassa *Schweinsbraten*, muualla Saksassa *Schweinebraten*) on täällä suosituin arkiruoka.

Kevyempien ruokien ystäville voi suositella esimerkiksi *Spätzle*-pastaa. Dinkelsbühlin seudun erikoisuus on kalaruoka, *Karpfen,* eli karppi. Palan painikkeeksi Baijerissa on pienissäkin ravintoloissa luonnollisesti tarjolla laaja valikoima oluita. Reitin pohjoispää, Frankenin alue, tunnetaan laadukkaista viineistä, joita myydään perinteisesti litteissä pulloissa (*Bocksbeutel*). Väitetään, että litteät pullot olisi aikoinaan otettu käyttöön, jotta ne eivät niin helposti vierisi mäkeä alas – se vaara onkin todellinen, sillä maasto on Frankenin seudulla kumpuilevaa.

Valmismatkat: Saatavilla on runsaasti pyöräilyvalmismatkoja, joihin sisältyvät majoitukset aamiaisineen, matkatavaroiden kuljetukset, paluukuljetus (myös pyörälle) ja kartta-aineisto saksankielisine oheistietoineen. Tarjonta on runsainta Tauberjoen laakson alueella. Matkoja järjestävät esimerkiksi Reise-Karhu (www.reise-karhu.de) ja Velociped Fahrradreisen (www.velociped.de).

Nähtävyyksiä ja käyntikohteita: Würzburgin huomattavin nähtävyys on UNESCOn maailmanperintökohteisiin kuuluva ruhtinaspiispojen barokkilinna *Residenz* 1700-luvun alkupuolelta. Sen portaikon erikoisuus on 600 neliömetrin laajuinen kattomaalaus. Suomalaisten kannalta vähintään yhtä kiinnostavaa on käydä katsomassa Mainin eteläpuolella kohoavaa Marienbergin linnoitusta. Ruotsi-Suomen joukot valtasivat tämän linnoituksen Kolmikymmenvuotisen sodan aikana; Sakari Topeliuksen Maamme-kirjan mukaan "harvoin on nähty uljaampaa urotyötä". Linnan ympärille on myöhemmin rakennettu korkeat suojamuurit, mutta ne jyrkät kalliorinteet, joita pitkin suomalais-skotlantilainen sotajoukko kiipesi kuninkaan käskystä pimeässä yössä lokakuun 17. päivänä 1631 tekemään voitokasta väkirynnäkköä, ovat yhä ennallaan.

Würzburgin eteläpuolella reitti jatkuu jonkin matkaa Baden-Württembergin osavaltiossa ja seuraa Tauberjokea, jonka rinteillä on laajoja viinitarhoja.

Creglingenin lähellä, *Herrgottskirche*-kirkossa, on ainutlaatuinen nähtävyys: yli yhdeksän metriä korkea puinen alttariveistos, joka esittää Neitsyt Mariaa kahdentoista apostolin ympäröimänä. Veistoksen teki 1500-luvun alussa myöhäiskeskiajan merkittävimpiin kuvanveistäjiin kuulunut Tilman Riemenschneider. Uskonpuhdistuksen vuoksi seurakuntalaiset kätkivät sen kuitenkin lautaseinän taakse – ja unohtivat koko taideteoksen, kunnes se löydettiin uudelleen 300 vuotta myöhemmin.

Keskiajan kaupunkinäkymiä sekä vanhan kaupunginmuurin portteja ja torneja voi ihailla viehättävässä Rothenburg ob der Tauberissa. Se säästyi Kolmikymmenvuotisen sodan aikana tuholta tarinan mukaan siksi, että kaupungin entinen pormestari onnistui juomaan yli kolme litraa sisältävän viinimaljan yhdellä siemauksella. Myös toisen maailmansodan aikana Rothenburg pelastui ihmeen kaupalla: sinne hyökänneen amerikkalaisosaston komentaja oli kuullut äitinsä kertovan liikuttavia tarinoita tästä ihmeellisen kauniista kaupungista, ja säästi siksi kaupungin tuholta. Rothenburg ob der Tauberissa on myös ympäri vuoden avoinna oleva jouluaiheisten tavaroiden kauppa.

Aivan pyöräreitin tuntumassa Frankenhöhen kukkuloilla reitti ylittää erään Euroopan tärkeistä vedenjakajista: Schillingsfürstin linnan pihalla vedet jakaantuvat valuakseen joko Reinin tai Tonavan suuntaan.

Rothenburgin ohella keskiajan tunnelmaa voi aistia myös Dinkelsbühlissä. Sen keskustassa on talo, jossa kuningas Kustaa II Adolf majoittui Kolmikymmenvuotisen sodan aikana.

Vajaan päivän pyörämatkan päässä Dinkelsbühlistä etelään Romanttisen tien pyöräreitti kulkee yli 20 kilometriä leveän kraatterin halki. Se syntyi 15 miljoonaa vuotta sitten kun tänne iskeytyi halkaisijaltaan puolentoista kilometrin mittainen taivaankappale. Näin syntyneen laakean painauman keskellä on Nördlingenin pikkukaupunki. Sitä ympäröi keskiajan lopulla rakennettu lähes kolmen kilometrin mittainen yhtenäinen kaupunginmuuri torneineen ja portteineen. Muurin päällä on alkujaan puolustustarkoitusta varten rakennettu käytävä. Tällä katetulla kaupunginmuurilla voi siten tehdä kolmen kilometrin pituisen kävelylenkin. Kapuamalla St. Georg-kirkon kellotorniin kaupunkia voi ihailla lintuperspektiivistä. Keskiajalla korkeissa torneissa tähystettiin tulipalojen ja kaupunkeja uhkaavien vihollisten takia. Nördlingenissä tätä perinnettä jatketaan yhä: kirkon kellotornissa on tänä päivänäkin asunto, josta vartija kajauttaa iltaisin, viimeisen kerran vielä puolen yön aikaan, perinteisen huutonsa. Näin kaupunkilaiset ja asiasta perillä olevat matkailijat voivat asettua levollisina nukkumaan.

Tonavan ylityksen jälkeen pyöräreitti johtaa Rainin keskustaan. Tämän kaupungin keskusaukiolla on sotamarsalkka Tillyä esittävä patsas muistuttamassa Kolmikymmenvuotisesta sodasta. Katolisia joukkoja johtanut Johann Tilly yritti 1632 estää Ruotsi-Suomen joukkoja pääsemästä Lechjoen ylitse. Kuningas Kustaa II Aadolfin sotajoukko onnistui kuitenkin rynnäköimään joen yli ja valtasi pian sen jälkeen koko Baijerin. Tilly haavoittui ja kuoli sen seurauksena pari viikkoa myöhemmin.

Rainin kaupungin laidalla reitti kulkee suuren puutarhakeskuksen vierestä ja ylittää sen jälkeen Lechjoen joessa olevan voimalaitoksen patorakennuksen kautta. Voimalaitoksessa pyöräilijä joutuu kulkemaan ahtaiden tilojen läpi. Lechjoen vastarannalla reitti kulkee yllättävän metsäisen ja osin soisenkin alueen halki.

Rooman keisari Augustuksen aikana, yli 2000 vuotta sitten, perustettu Augsburg on eräs Saksan vanhimmista kaupungeista. Se on samalla suurin Romanttisen tien pyöräreitin varrella sijaitsevista kaupungeista. Augsburgin monista nähtävyyksistä ehkä erikoisin on aikakautensa rikkaimman henkilön, Jakob Fuggerin, 1500-luvun alussa vähävaraisille kaupunkilaisille rakennuttama asuntola *Fuggerei*. Se tuhoutui toisessa maailmansodassa, mutta rakennettiin uudestaan ja palvelee yhä alkuperäisessä tarkoituksessaan. Asukkailta perittävää vuokraakaan ei ole menneiden vuosisatojen aikana

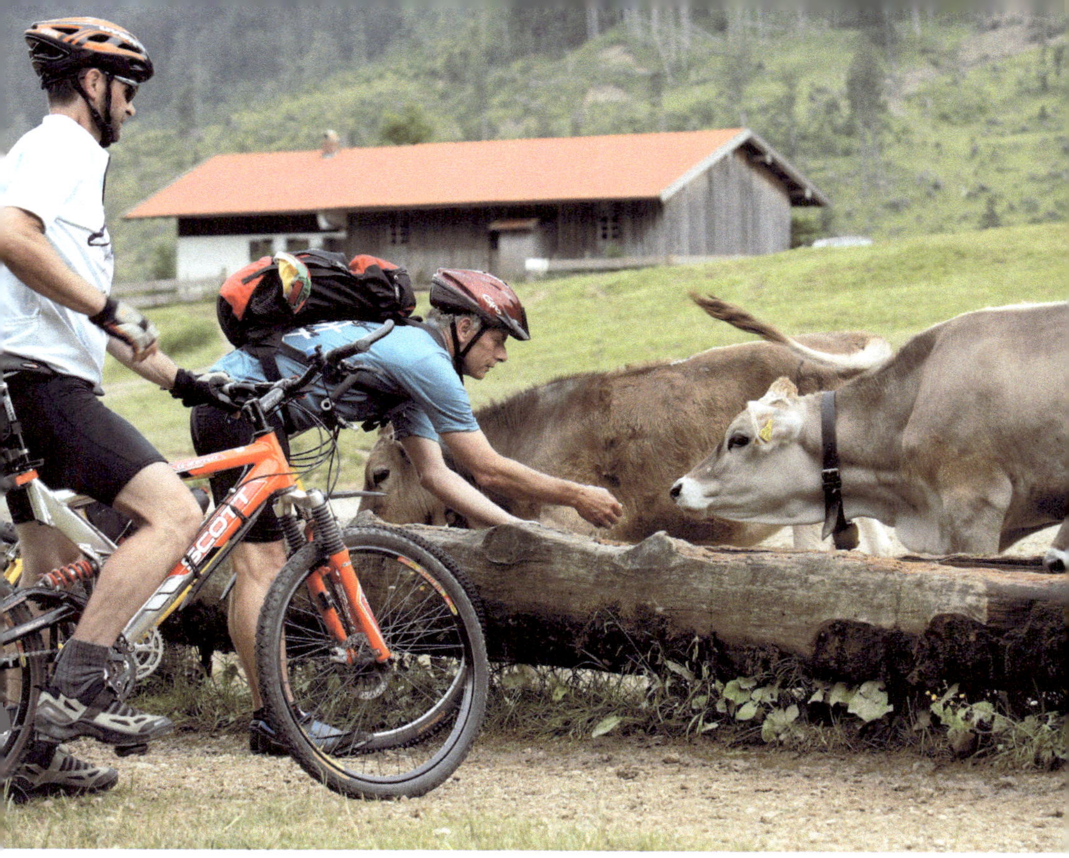

Romanttisen tien varrella pyörämatkailijat pääsevät Baijerin maaseudun ytimeen.

korotettu: *Fuggerein* asukkaat maksavat edelleen vuokrana yhtä Reinimaan guldenia vastaavan summan, 0,88 euroa vuodessa.

Alppien tuntumassa Romanttisen tien pyöräilyreitti kulkee barokkiajan mestarillisimpiin luomuksiin kuuluvan *Wieskirchen* vierestä. Tämä ylenpalttisen runsaasti koristeltu 1700-luvun puolivälin pyhiinvaelluskirkko kuuluu UNESCOn maailmanperintöluettelon kohteisiin.

Vähän ennen kuin Romanttinen tie päättyy Füssenin kaupunkiin, se johtaa kahden maailmanlaajuisesti tunnetun linnan, Neuschwansteinin ja Hohenschwangaun, vierelle. Kuningas Ludwig II:n rakennuttama satumainen *Schloss Neuschwanstein* on koko Saksan ylivoimaisesti suosituin matkakohde.

TEEMAREITTEJÄ

Saksassa on lukuisia pyöräreittejä, joiden varsilla voi perehtyä johonkin erityiseen aihepiiriin tai jotka on viitoitettu jonkin historiallisen kulkuväylän reittiä seuraten. Teemareittien suuresta joukosta alle on poimittu esimerkkejä eri puolilta maata, virikkeiksi omille matkasuunnitelmille. Kaikista alla mainituista reiteistä löytyy karttoja ja lisätietoja netistä, usein myös englanniksi.

Vanha suolatie, **Alte Salzstraße**, yhdistää toisiinsa Lüneburgin ja Lyypekin. Suolaa lastanneet laivat purjehtivat ennen Lyypekin keskustaan asti, mutta yhtä hyvin reitin pohjoispäänä voi pitää Travemündeä.

Hampurista Flensburgiin ja edelleen Tanskaan johtava **Ochsenweg** ("Härkätie") oli 1800-luvulla tärkeä Pohjois-Saksan ja Tanskan välinen maantie. Sitä pitkin kuljetettiin karjaa ja tietä käyttivät niin kauppiaat, sotaväki ja kuin pyhiinvaeltajatkin. Ochsenweg-pyöräreitin pituus on yli 500 km, josta Saksan osuus on 245 km.

Lossi- ja lauttaliikenne on teemana 250 kilometrin pituisella **Deutsche Fährstraße** -pyöräreitillä. Se johtaa pienestä Bremervörden kaupungista Elben yli Glückstadtiin ja Brunsbütteliin sekä edelleen kanavan vartta Kieliin. Reitin erikoisuus on vaijerien varassa terässiltojen alapuolella kulkeva lossi, joka liikennöi Ostejoen yli. Vastaavalla rautatiesillan alapuolisella lossilla hoidettiin Kielin kanavan ylittävää liikennettä Rendsburgissa alkuvuonna 2016 tapahtuneeseen onnettomuuteen asti. Tämän lossin tilalla liikennöidään ainakin toistaiseksi kahdella perinteisellä lautalla.

Elben ja Weserin väliselle suo- ja nummialueelle, Bremenin ja Hannoverin puolivälin vaiheille, on viitoitettu noin 90 kilometrin pituinen **Wolfstour**-kierros, jonka aiheena on Saksassakin viime aikoina yleistynyt susi. Reitin varrella, Dörverdenissä, on susipuisto, jossa susien elämää voi seurata lähietäisyydeltä.

Bischofstour johtaa keskiajan piispojen jäljillä Havelbergista Wittstockiin. Reitin päänähtävyyksiä ovat pyhiinvaelluskirkot, Heiligengraben luostari ja piispojen linnat. Elbe- ja Haveljokien yhtymäkohdasta alkavan pyöräreitin pituus on 108 km.

Berliner Mauerweg -pyöräreitti muistuttaa Länsi-Berliiniä 28 vuoden ajan ympäröineen muurin dramaattisesta historiasta. Kiertoreitin varrella on museoita, vartiotorneja ja muita entisen Saksan sisäisen rajan rakenteita. Reitin pituus on 160 kilometriä.

Euro-Velo-reitteihin kuuluvan Rautaesirippureitin Saksan osuus on nimeltään **Deutsch-deutscher Radweg**. Se johtaa entistä Saksan liittotasavallan ja DDR:n rajalinjaa seuraten Tshekin rajalta Itämeren rannalle Travemündeen. Koska kapea kaistale luontoa säilyi tällä rajalla lähes koskemattomana, sen suojelemiseksi perustettiin Das Grüne Band- luonnonsuojeluhanke. Tätä pyöräreittiä kutsutaan siksi myös nimellä

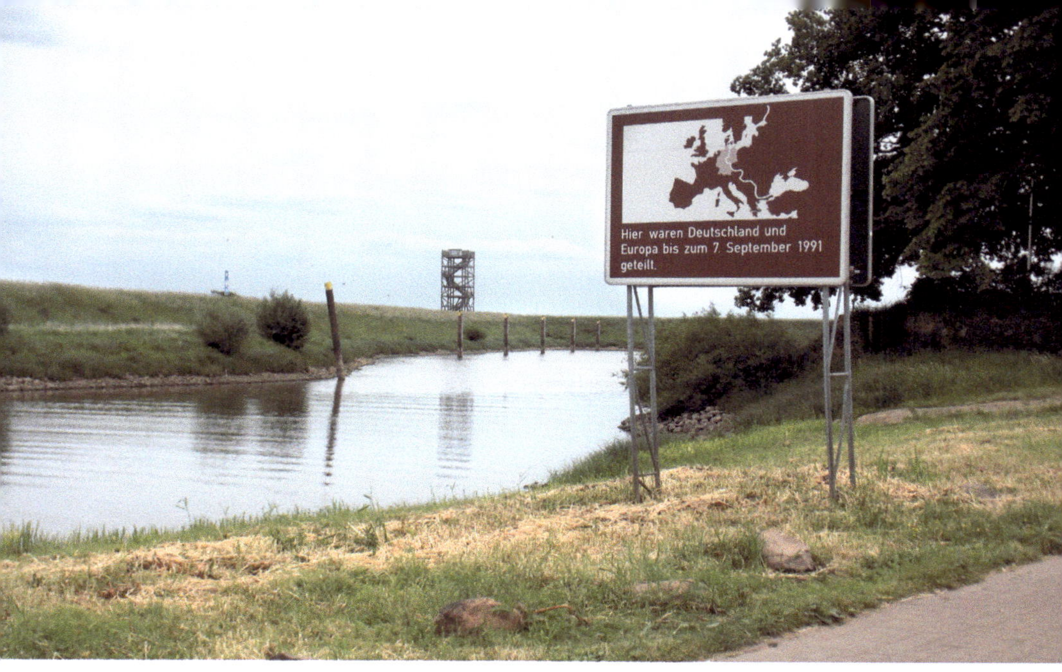

Karttataulu Rautaesirippureitin varrella kertoo, missä Saksaa ja Eurooppaa jakanut rajalinja sijaitsi.

Radweg Grünes Band. Jos mukaan lasketaan myös se osuus Rautaesirippureittiä, joka johtaa Travemündestä Itämeren rantaa seuraten Puolan rajalle, reitin kokonaispituus Saksassa on noin 1400 km.

Kaksi aarteenetsijää teki 1999 Unstrutjoen varrella Nebrassa sensaatiomaisen löydön: he kaivoivat maasta kullalla koristellun pronssikiekon. Se on vanhin tunnettu kuva maailmankaikkeudesta. Löytöpaikan lähelle rakennettiin matkailu- ja informaatiokeskus. Vähän yli 70 km pitkä **Himmelsschbeibenradweg** johtaa kiekon löytöpaikalta Hallen kaupunkiin. Alkuperäinen Nebran löytö, jonka arvioidaan olevan noin 3600 vuotta vanha, on esillä Saksi-Anhaltin esihistoriallisessa museossa Hallessa.

Hallesta voi myös polkaista runoruhtinas Johann Wolfgang von Goethen mukaan nimetylle **Goetheradweg**-pyöräreitille. Sen varrella on muun muassa Bad Lauchstädtin kaupunki, jonne perustettiin Goethen johdolla teatteri. Reitin pituus on 90 kilometriä, sen toisessa päätepisteessä on Bad Sulzan kylpyläkaupunki.

Eräs Saksan suosituimmista pitkän matkan vaellusreiteistä on Rennsteig. Se johtaa Saksan keskivuoristoon kuuluvan Thüringer Waldin metsäalueen halki Werrajoen puolivaiheilta Saalejoen yläjuoksulle. Tämän jo keskiajalta asti ahkerasti käytetyn kulkureitin ja perinteisen vaellusreitin täydennykseksi avattiin Saksan yhdistymisen jälkeen **Rennsteig-Radwanderweg** -pyöräreitti. Sen alku- ja loppuosuudella esiintyy suuria korkeuseroja. Reitin pituus on 195 km. Se on viitoitettu pääosin sora- ja hiekkapintaisille metsäteille, jotka sopivat parhaiten maastopyöräilijöille.

Ruhrin alueella, Saksan teräs- ja kivihiiliteollisuuden syntysijoilla, pyörämatkailijat voivat tutustua entisten tuotantolaitosten uuteen elämään kulttuuri- ja vapaa-ajan kohteina sekä moniin teollisiin muistomerkkeihin. **Route der Industriekultur per Rad**-pyöräreitti muodostuu kahdesta ympyrälenkistä ja niitä yhdistävistä pyöräteistä. Vaikka 700 kilometriä pitkä reittikokonaisuus sijoittuu tiheästi asutulle alueelle, suurin osa reitistä on viitoitettu metsäteille, jokien varsille, sivukaduille ja entisille rautatielinjoille.

Rüdesheimista, Reinin varrelta, Rhönvuoristossa sijaitseviin Fuldaan ja edelleen Tanniin johtaa 257 kilometrin pituinen Hessenin pyöräreitti R 3. Tarkkaan ottaen se koostuu kahdesta peräkkäisestä reitistä, mutta koko reittiä markkinoidaan nimellä **Auf den Spuren des Spätlesereiters**. Erikoisen nimensä reitti on saanut ratsastajalta, joka kuljetti Reinin lähellä sijainneesta luostarista syksyisin näytteitä viinirypäleistä Fuldan ruhtinaspiispan tutkittavaksi; luostari tarvitsi piispalta luvan ennen kuin viininkorjuun sai aloittaa. Vuonna 1775 ratsumiehen paluu kuitenkin myöhästyi ja rypäleiden päälle ehti kasvaa harmaa homekerros. Kaikesta huolimatta munkit korjasivat sadon ja tekivät siitä viiniä. Seuraavana keväänä huomattiin, että poikkeuksellisen myöhään korjatuista rypäleistä saatiin aivan erinomaista viiniä. Myöhään korjatuista rypäleistä valmistettua viiniä on siitä lähtien kutsuttu Spätlese-viiniksi.

Viininviljelyyn liittyy myös **Radweg Deutsche Weinstraße** -pyöräreitti, joka johtaa Reinjoen länsipuolella Ranskan rajan läheltä Wormsin kaupungin tuntumaan. Reitin pituus on lyhimmillään 95, mutta muutamalla ylimääräisellä "panoraamakierroksella" täydennettynä sen pituudeksi tulee 130 kilometriä. Kumpuilevan maaston vuoksi reitti on keskimääräistä vaativampi.

Benedikt-Radweg -pyöräreitti kulkee Baijerin kaakkoiskulmassa, jossa emerituspaavi Benedictus XVI, siviilinimeltään Josef Ratzinger, syntyi ja vietti nuoruutensa. Noin 250 kilometriä pitkän pyöräreitin virallinen aloituspaikka on Altöttingen, joka tunnetaan pyhiinvaelluskohteena. Koska Benedikt-Radweg on ympyrälenkki, reitille voi lähteä mistä tahansa sen varrelta.

Maastopyöriä kutsutaan Saksassa useimmiten englanninkielisellä nimellä Mountainbike ja tai lyhenteellä MTB. Maastopyöräilyyn erikoisen sopivia alueita kutsutaan vastaavasti nimellä MTB-Region. Saarin alueella, Saksan lounaisosassa sijaitseva **MTB-Region Sankt Wendeler Land** on monipuolinen kohde maastopyöräilyn harrastajille. Paikalliset maastopyöräily-yhdistykset ja kunnat ovat viitoittaneet tänne yhdeksän vaikeusasteeltaan vaihtelevaa reittiä; tarjolla on sekä helppoja metsäreittejä

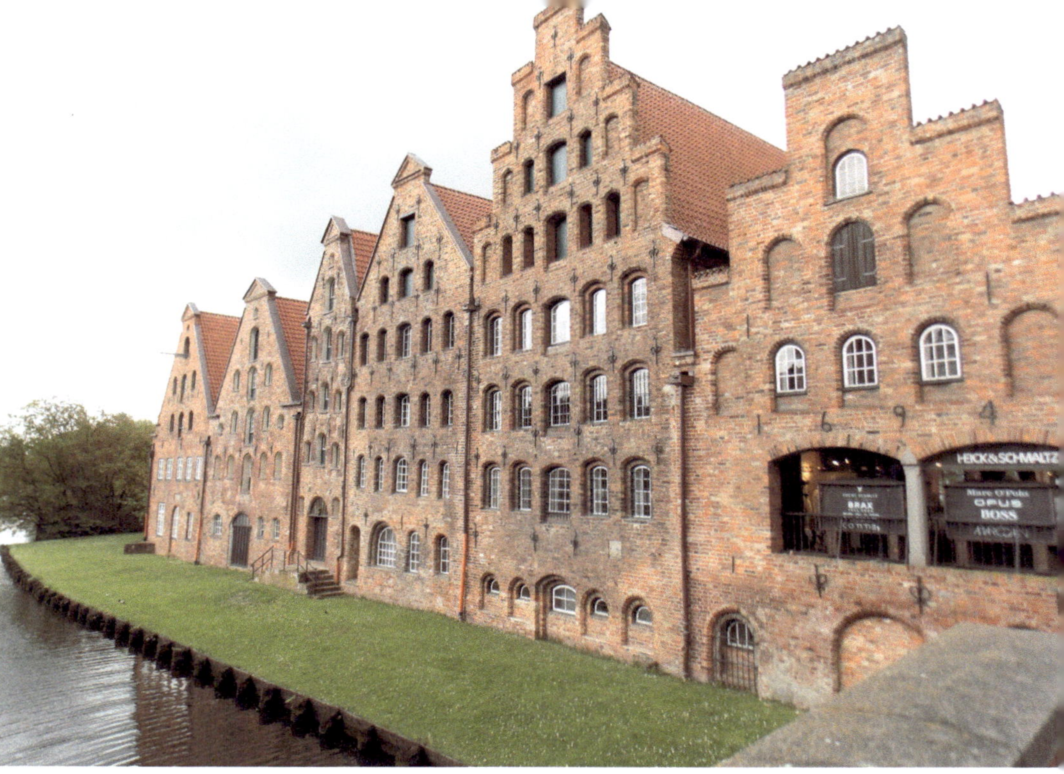

Suolaa tuotiin Lüneburgista "suolatietä" pitkin Lyypekkiin. Näissä makasiineissa suolaa varastoitiin, ja täältä suolaa kuljetettiin purjelaivoilla edelleen Pohjois-Eurooppaan, myös Suomeen.

---

että jyrkkiä polkuja. Toinen tunnettu maastopyöräilykohde on Harzvuoriston kupeessa sijaitseva **Volksbank Arena Harz**. Myös edellä mainittu Rennsteig-Radwanderweg on lähinnä maastopyöräilyn harrastajille sopiva reitti.

Suomessa on lakkautettu vain harvoja rataosuuksia, mutta Saksassa käytöstä poistettuja rataosuuksia on kaikkialla. Monilla entisillä ratapenkoilla viilettävät Saksassa nykyisin polkupyöräilijät. Pyörämatkailijoita entiset junaradat miellyttävät, koska niillä ei esiinny mäkiä tai mäet ovat ainakin hyvin loivia. **BahnRadwegHessen**-pyöräreittiin, joka johtaa Hanausta Bad Hersfeldiin, sisältyy useita lakkautettuja rataosuuksia. Reitin pituus on 245 kilometriä tai ympyrälenkkinä, jolloin paluu tapahtuu osittain toista kautta, 400 kilometriä. BahnRadWegHessen-pyöräreitin erikoisuus on entisen Milseburgin radan 1200 metriä pitkä valaistu tunneli. Tietoja muista entisille ratapenkoille avatuista pyöräreiteistä löytyy sivulla www.bahntrassenradeln.de.

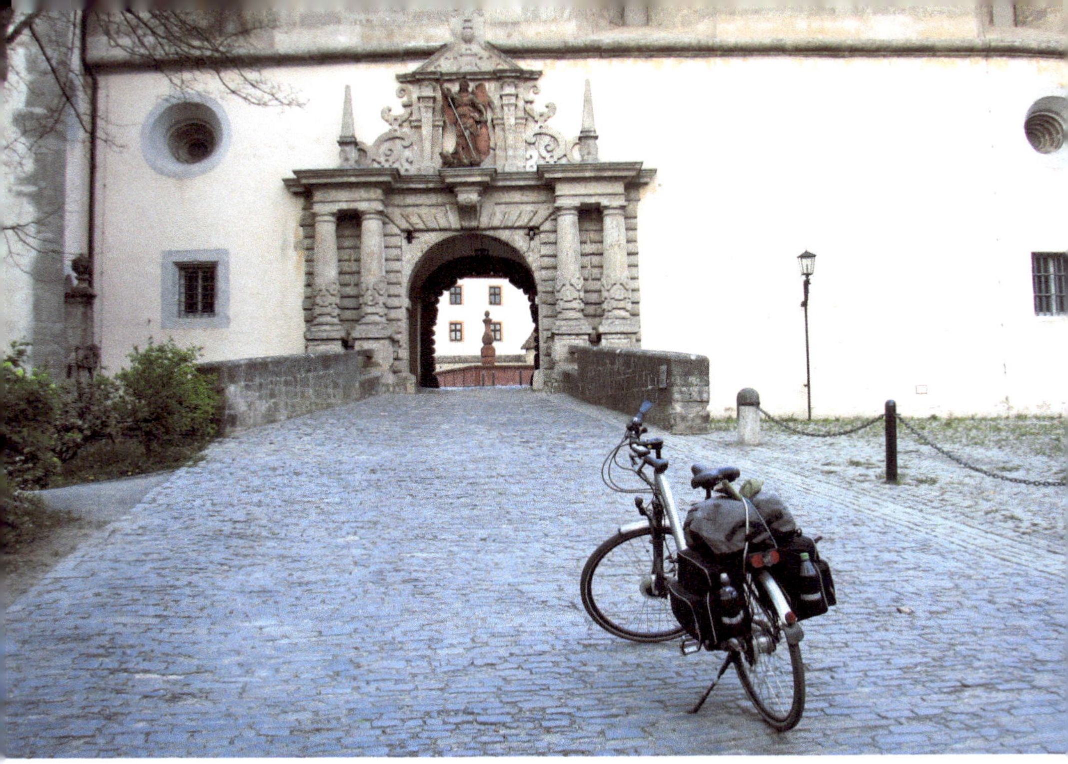

Würzburgin ruhtinaspiispan linnan uloin portti. Suomalaiset ja skottilaiset joukot valloittivat linnan 17.10.1631.

SUOMALAISTEN JALANJÄLJILLÄ SAKSANMAALLA

Suomesta on purjehdittu Saksaan jo keskiajalta asti, milloin kaupankäynnin milloin opintojen vuoksi. Ruotsin suurvaltakaudella matkaan lähdettiin useimmiten pakosta, kun Ruotsi-Suomen sotaväki taisteli Keski-Euroopan tantereilla. Myöhemmin suomalaisen alkoivat käydä Saksassa monista muistakin syistä – ja suomalaisten oleskelusta tai aikaansaannoksista jäi jälkiä, joihin voi tutustua mainiosti pyörämatkalla.

Mikael Agricola, josta tuli Suomen uskonpuhdistaja ja suomen kirjakielen perustaja, lähetettiin 1536 Martti Lutherin ja Philip Melanchtonin oppiin Wittembergin yliopistoon. Sekä Wittembergin Leucora-yliopiston että sen lähellä sijaitsevan Luthertalon seinällä on Agricolasta kertova muistolaatta, ja eräs Wittembergin Linnankirkon lasimaalauksista esittää samoin Mikael Agricolaa. Lutherstadt Wittemberg on **Elben pyöräreitin** varrella.

Kolmikymmenvuotisen sodan tapahtumapaikkoihin liittyy paljon suomalaisten historiaa. Syksyllä 1631 pohjalaiset sotilaat valloittivat yhdessä skottilaisten joukkojen kanssa Würzburgin ruhtinaspiispan linnan Mainin varrella. Tämä korkealla kukkulalla kohoava Marienbergin linna on **Romanttisen tien pyöräreitin** ja **Mainin pyöräreitin** risteyksessä.

Suomalaiset kunnostautuivat Kolmikymmenvuotisessa sodassa erityisesti keväällä 1632, kun Kustaa Aadolfin joukot ylittivät Lechvirran Rainin pikkukaupungin lähellä. **Romanttisen tien pyöräreitti** kulkee Lechjoen ylitse Oberndorfissa lähellä sitä paikkaa, josta 300 savolaista jalkamiestä kahlasi joen ylitse ovelan harhautuksen jälkeen. Pyöräilijät voivat nykyisin ylittää Lechjoen tästä parin kilometrin päässä, jossa on padon päälle rakennettu voimalaitos.

Tunnetuimpia kolmikymmenvuotisen sodan taistelupaikkoja ovat Breitenfeld ja Lützen, josta Porilaisten marssissa käytetään nimeä Lütz. Kuningas Kustaa II Aadolf kuoli Lützenin taistelussa Leipzigin lounaispuolella 6.11.1632. Kuninkaan kuolinpaikalle tuotiin pian muistokivi ja rakennettiin myöhemmin muistomerkki sekä kappeli. Kunniapaikalla tämän muistokappelin alttarin vieressä on iso Suomen lippu ja kappelin lasi-ikkunoihin on ikuistettu Kustaa Aadolfin läheisimpien upseereiden vaakunoita; mukana ovat neljän suomalaisen sotapäällikön – Kustaa Hornin, Torsten Stålhandsken, Åke Tottin ja Arvid Wittembergin– vaakunat. Frankfurt am Mainista Krakovaan johtava **Via Regia** -pyöräreitti kulkee Lützenin kautta, vain parin kilometrin etäisyydellä Kustaa Adolfin muistokappelista.

Kolmikymmenvuotisen sodan historiasta kertova museo on Wittstockin kaupungissa, joka on **Bischofstour**-pyöräreitin pohjoinen päätepiste. Saksassa on lisäksi useita Kolmikymmenvuotisen sodan muistomerkkejä ja rakennuksia, joissa kuningas Kustaa Aadolf tai joku hänen suomalaissyntyisistä sotapäälliköistään on yöpynyt tai ruokaillut.

Kolmikymmenvuotisen sodan jälkeen suuri osa Pohjois-Saksaa eli koko Pommeri siirtyi lähes kahden vuosisadan ajaksi (1648 –1815) Ruotsin hallintaan. Koska Suomi oli vuoteen 1809 asti osa Ruotsia, Pohjois-Saksan "ruotsalaiskauden" historia liittyy myös Suomeen. Monissa **Itämeren rannikon pyöräreitin** kaupungeissa tältä ajalta säilyneet hallintorakennukset ja porvaritalot ovat nykyisin matkailunähtävyyksiä.

Kun Suomessa heräsi 1900-luvun alussa ajatus irrottautua Venäjästä, sotilaskoulutusta lähdettiin hakemaan Saksasta. Parituhatta suomalaista jääkäriä sai ensimmäisen maailmansodan aikana koulutuksen Lockstedtin leirillä Hampurin pohjoispuolella. **Ochsenweg**-pyöräreitin läntinen haara sivuaa Hohenlockstedtissa Finnische Allee-puistokatua, jonka varrella on suomalaisten jääkäreiden muistomerkki.

Ahvenanmaalaisella laivanvarustaja Gustaf Eriksonilla oli purjelaivakauden lopulla omistuksessaan maailman suurin rahtipurjelaivasto. Siihen kuului 1932–47 myös nelimastoparkki Passat, johon voi tutustua kesäkaudella Travemündessä. Helsingistä Travemündeen kulkeva laivat kiinnittyvät Travejoen länsipuolelle, mutta Passat-museoalusta pääsee katsomaan, kun siirtyy lautalla joen vastarannalle. **Itämeren rannikon pyöräreitti** kulkee aivan Passatin vierestä.

Bremerhavenin museosataman katseenvangitsija on Saksan merenkulkumuseon parkki Seute Deern. Tämä nykyisin ravintolalaivana toimiva alus oli 1931–38 suomalais-omistuksessa. Seute Deern-purjealus on **Weserin pyöräreitin** varrella.

Peräti seitsemän suomalaisen kultamitalistin nimeä on ikuistettu Berliiinin olympialaisten kunniatauluihin. Vuoden 1936 olympiavoittajien nimet löytyvät Berliinin olympiastadionilta, joka on **D-Route 3** -pyöräreitin varrella. Tämä pyöräreitti on samalla osa Atlantin rannalta Pietariin johtavaa **Europaradweg R 1** -pyöräreittiä.

Suomalaista arkkitehtuuria Saksassa edustavat ennen kaikkea Alvar Aallon suunnittelemat asuinrakennukset ja julkiset rakennukset. Niistä tunnetuimpia ovat Essenin oopperatalo **Route der Industriekultur per Rad** -pyöräreitin lähellä ja Berliinin Hanse-viertelin alueella sijaitseva asuintalo. Jälkimmäinen kohde löytyy edellä mainitun **D-Route 3** -pyöräreitin läheltä, Berliinin Tiergartenin kaupunginosan pohjoispuolelta. Bremenissä on Alvar Aallon suunnittelema Neue Vahr -niminen korkea asuintalo. Se näkyy kauas, mutta kaupungin keskustan läpi johtavalta **Weserin pyöräreitiltä** sinne on viitisen kilometriä. Ala-Saksin eli Niedersachsenin osavaltion itälaidalla sijaitsevassa Wolfsburgin kaupungissa on peräti kolme Alvar Aallon suunnittelemaa rakennusta: kulttuuritalo ja kaksi kirkkoa. Wolfsburgin läpi kulkee **Aller-Radweg**-pyöräreitti.

Neubrandenburgin kaupungin keskiaikainen Mariankirkko tuhoutui lähes täydellisesti toisessa maailmansodassa. Raunioituneeseen kirkkoon päätettiin 1990-luvulla rakentaa konserttisali. Sen suunnittelemiseksi järjestetyn kilpailun voitti arkkitehti Pekka Salminen. Neubrandenburgin Marienkirche-kirkkoon voi tutustua **Mecklenburgischer Seen-Radweg** -pyöräreitillä.

Noin 70 suomalaisella kaupungilla tai kunnalla on ystävyyskaupunki tai -kunta Saksassa. Pyöräreittien verkosto on Saksassa niin tiheä, että suurin osa näistä ystävyyskaupungeista sijaitsee jonkin pitkän matkan pyöräreitin varrella. Luettelo suomalais-saksalaisista ystävyyskaupungeista löytyy Saksan suurlähetystön nettisivulta www.helsinki.diplo.de.

LIIKENNEMERKEISTÄ JA -SÄÄNNÖISTÄ

Pyöräilijöitä koskevat liikennemerkit muistuttavat Saksassa niin paljon Suomessa käytössä olevia liikennemerkkejä, ettei väärinkäsityksiä niiden sisällöstä juuri pääse syntymään. Tavallisten liikennemerkkien lisäksi Saksan pyöräteillä näkee **Gefahrenstelle**-kylttejä, joilla varotetaan vaarallisista paikoista. Sitäkin yleisemmin näkemäesteistä tai ahtaista paikoista kerrotaan **Radfahrer absteigen** -kyltillä. Näillä kohdin pyörää ei saa ajaa edes hitaasti, vaan sitä on talutettava. Myös edessä olevista pyörätien jyrkistä laskuista ja nousuista varotetaan: **Gefälle** merkitsee jyrkkää alamäkeä ja **Steigung** ylämäkeä. Näiden kylttien yhteydessä on yleensä myös prosenttiluku, josta ilmenee mäen jyrkkyys. Siellä, missä puita kasvaa pyörätien vieressä, niiden juuret rikkovat usein asvaltin. Tästä Saksan pyöräteillä varoitetaan **Wurzelschäden-**, **Radwegschäden-** tai **Straßenschäden**-kyltillä.

Samoin kuin autoilijat, joutuvat myös pyöräilijät välillä poikkeamaan tavanomaisesta reitistä kiertotielle. **Umleitung** tarkoittaa kiertotietä. Keltapohjaisen, suorakaiteen muotoisen kyltin, jossa on nuoli ja pyörän kuva, pitäisi kertoa epäselvissä kohdissa, mihin suuntaan pyörätie jatkuu. Umleitung-kyltin jälkeen pyöräilijän on oltava valppaana, sillä juuri tilapäisten kiertoteiden kohdalla eksymisvaara on suurimmillaan.

Sivukaduilla ja asuntoalueiden läpi johtavilla pikkuteillä näkee liikennemerkkejä, joissa on polkupyörän kuvan täydennyksenä teksti **Anlieger frei**. Silloin kyseistä tietä saavat pyöräilijöiden lisäksi ajaa autoillaan kyseisen tien varrella asuvat. Vastaavasti **Landwirtschaftlicher Verkehr frei** tarkoittaa, että tietä saavat käyttää maatalousajossa olevat ajoneuvot. Metsäteillä liikenne on sallittu metsänhoitoon liittyvillä ajoneuvoilla, jos se on osoitettu kyltillä **Forstwirtschaftlicher Verkehr frei**.

Valkopohjainen nelikulmainen kyltti, jonka sisällä on sinisellä pohjalla pyörän kuva ja alla teksti **Fahrradstraße**, kertoo, että kyseessä on pyöräilijöille varattu katu. Näillä – vielä melko harvinaisilla – kaduilla pyöräilijät saavat ajaa koko ajoradan leveydellä, siis myös rinnakkain. Esimerkiksi Hampurin Außenalster-järven ympäri voi jo lähitulevaisuudessa ajaa koko matkan pyöräilykatuja pitkin. Kyseisten katujen varsilla asuvat saavat toki ajaa näillä kaduilla edelleen autolla, mutta pyöräilijöillä on etuajo-oikeus – ja suurin sallittu ajonopeus on kaikille ajoneuvoille 30 km/h.

Jalankulkijoille on varattu lähes jokaisessa saksalaisessa kaupungissa vähintään joku kadunpätkä, mutta usein myös laaja jalankulkuvyöhyke (*Fußgängerzone* tai *Fußgängerbereich*). Ajoneuvoliikenne on näillä alueilla yleisesti ottaen kiellettyä, joten polkupyörääkin on useimmiten talutettava. Kävelykatua osoittavien liikennemerkkien lisäkilvillä ilmoitetaan mahdolliset poikkeukset; monilla kävelykaduilla saa ajaa pyörällä, kunhan noudattaa erityistä varovaisuutta. Pyöräilyn luvallisuutta koskevat määräykset

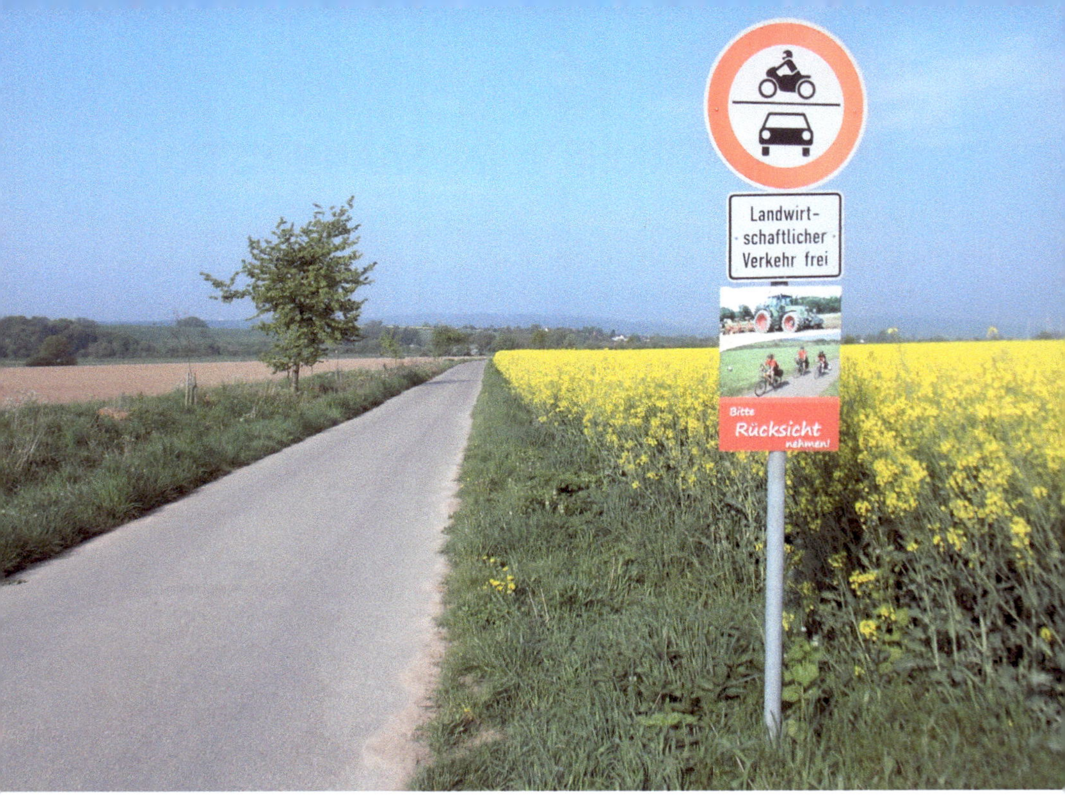

Pyörämatkailijaa ilahduttaa tällainen liikennemerkki, joka kieltää moottoriajoneuvoliikenteen. Lisäkilvellä "Landwirtschaftlicher Verkehr frei" osoitetaan, että kielto ei koske maatalousajoneuvoja. Alimmalla epävirallisella kyltillä vedotaan pyöräilijöihin, jotta he antaisivat tilaa satunnaisesti tietä käyttäville maanviljelijöille.

vaihtelevat myös rannikon kylpyläpaikkakunnilla. Suosituilla rantapromenadeilla saattaa nähdä kyltin **Bitte Schritttempo fahren!** – sen avulla pyydetään pyöräilijöitä ajamaan vain kävelyvauhtia. Yksityisalueesta kertoo **Privatgrundstück**-kyltti.

Epävirallisesti pyöräilijöihin vedotaan välillä myös pidemmillä teksteillä. **Vernünftige fahren hier nicht mit dem Rad – anderen ist es verboten!** kertoo, että järkevät eivät pyöräile täällä – ja muilta se on kielletty!

Pyörän varusteita koskevat määräykset ovat Saksassa tiukemmat kuin Suomessa. Niinpä kaikissa polkupyörissä on oltava kaksi toisistaan riippumatonta jarrua, käytännössä siis kaksi erillistä käsijarrua tai käsijarru ja jalkajarru. Saksassa pyörissä pitää olla tavanomaisen etuvalon lisäksi punaista valoa näyttävä takavalo. Pyöräilykypärän käyttöä ei sen sijaan ole määrätty pakolliseksi ja hämmästyttävän moni pyöräilijä ajaakin Saksassa ilman kypärää. Yllättävää on myös huomata, että yhdensuuntaisilla kaduilla pyöräilijä saa ajaa Saksassa hyvin usein myös vastakkaiseen suuntaan. Tämä erivapaus koskee sellaisia vähäliikenteisiä katuja, joilla on voimassa enintään 30 km/h nopeusrajoitus ja joilla liikennemerkeissä on "vastavirtaan" pyöräilyn salliva lisäkilpi.

Myös monien saksalaisten tapa yhdistää pyöräilyharrastus ja oluen nauttiminen saattaa hämmästyttää Suomen ankarampaan alkoholikulttuuriin tottuneita. Veren alkoholipitoisuuden ylittäessä 0,5 promillea onnettomuusriski kasvaa Saksassakin nopeasti – ajoipa sitten autoa tai polkupyörää. Yhden promillen humalatilaa pidetään Saksassa "yhteiskunnallisesti hyväksyttävän" juomisen ehdottomana ylärajana, joten humalaisia tässä maassa näkee ani harvoin. Matkan taittaminen polkupyörällä janottaa ja Saksassa onkin nautittu jo 1800-luvun lopulta lähtien *Radler*-nimistä oluen ja virvoitusjuoman seosta (suomennettuna "pyöräilijä"). Radlerissa on noin puolet appelsiini- tai sitruunalimonadia, joten sen alkoholipitoisuus on varsin alhainen. Saksassa nestehukan torjuntaan on muitakin hyviä keinoja: monet saksalaiset panimot valmistavat nykyisin laadukkaita alkoholittomia oluita. Niinpä pyörällä liikkuvalle, oluen tilaavalle matkailijalle saatetaan nykyisin tehdä aivan luontevasti lisäkysymys: alkoholin kanssa vai ilman?

SÄHKÖAVUSTEISELLA PYÖRÄLLÄ PIDEMPIÄ PÄIVÄMATKOJA

Saksassa on jo yli kaksi miljoonaa sähkömoottorilla varustettua polkupyörää (*E-Bike, Elektrorad*). Vaikka ylivoimaisesti suurin osa pyöräilijöistä käyttää täälläkin yhä tavanomaista polkupyörää, niin sähkömoottorilla varustetuista pyöristä keskustellaan vilkkaasti ja niiden myynti lisääntyy nopeasti. Nykyisin jo joka kymmenes Saksassa myyty pyörä on varustettu sähkömoottorilla. Näistä yli 95 prosenttia on varsinaisia sähköavusteisia pyöriä (*Pedelec*) ja loput ovat nopeita sähköpyöriä (*S-Pedelec*).

Sähköavusteista pyörää on poljettava, jotta se liikkuisi. Tehon, jolla moottori keventää polkemista, voi itse valita tavallisimmin kolmi- tai neliportaisella säätimellä. Ylimääräinen vetoapu kytkeytyy kuitenkin pois päältä, kun pyörän nopeus ylittää 25 km/h. Koska sähköavusteinen pyörä poikkeaa vain vähän perinteisestä, sitä ei tarvitse rekisteröidä, eikä vakuuttaa.

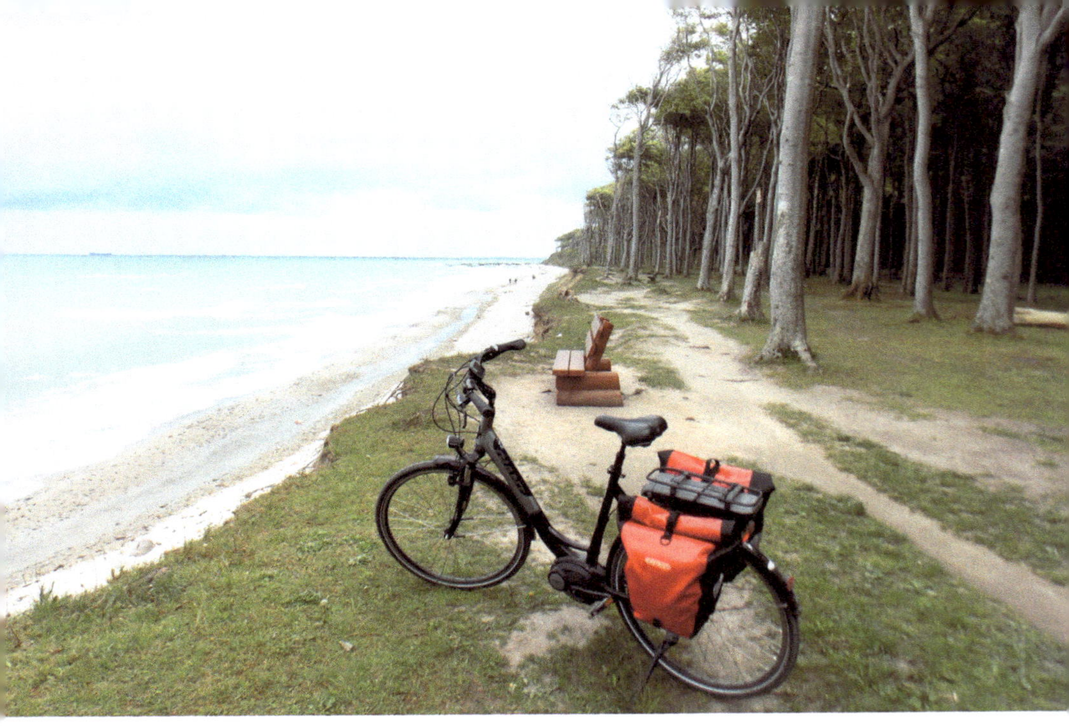

Sähköavusteistakin pyörää on poljettava, mutta omaa voimaa ei tarvita yhtä paljon kuin normaalipyörällä ajettaessa, jolloin polkeminen on vaivattomampaa – varsinkin ison kuorman kanssa, ylämäessä ja vastatuulessa. Kuvan pyörän merkki on Giant, siinä on Boschin moottori.

Niin sanottu nopea sähköpyörä muistuttaa sen sijaan enemmän sähkömopoa: sitä ei tarvitse polkea ja se on vakuutettava. Tällaisella sähköpyörällä ei saa ajaa pyörätiellä, joten se ei tule juurikaan kyseeseen pyörämatkalla.

Sähköavusteinen pyörä sopii sen sijaan erikoisen hyvin pyörämatkailijan kulkuneuvoksi, sillä se mahdollistaa vaivattoman etenemisen myös ylämäessä ja vastatuulessa. Jos tällaisia vastuksia ei osu kohdalle, sähköavusteisella pyörällä voi helposti kaksinkertaistaa tavanomaisen päivittäisen ajomatkansa. Pyöräilijän avustamiseen tarvittavan voiman sähköavusteinen pyörä saa akusta. Akun kapasiteetti onkin keskeinen tekijä kun arvioidaan, miten pitkälle matkalle sähköinen avustus riittää. Muita asiaan vaikuttavia tekijöitä ovat muun muassa valittu avustusteho, tuulisuus, maaston mäkisyys sekä pyöräilijän ja varusteiden paino. Monet sähköavusteista pyörää käyttävät matkailijat ajavat päivässä 40–60 kilometriä, mutta paljon pitempiäkin päivätaipaleita voi taittaa valitsemalla tavanomaista säästeliäämmän avustustehon. Sitä paitsi päivämatkan voi kaksinkertaistaa, jos käytettävissä on erikoisen isokokoinen akku tai kaksi tavallista akkua. Koska normaalikokoisen akun lataaminen täyteen kestää 3–5 tuntia, akkua ei ehdi ladata esimerkiksi ruokailun tai lyhyen museokäynnin aikana. Lataaminen tapahtuukin yleensä majapaikassa oman huoneen pistorasiasta yön aikana. Sähköä lataamiseen kuluu niin vähän, että majoitusliikkeet eivät veloiteta siitä erikseen. Jotta akkua voisi ladata, muiden matkatavaroiden lisäksi mukana on kuljetettava noin puolen kilon painoista latauslaitetta. Jos haluaa välttää laturin mukana kuljettamista, akun voi ladata latausasemalla, joita Saksassa on jo yli 2000. Latausasemiin turvautuminen edellyttää kuitenkin matkan tarkkaa ennakkosuunnittelua; varsinaisten pyörämatkailijoiden sijaan niiden pääasiallisia käyttäjiä ovat vuokrapyörillä lyhyitä päiväretkiä tekevät kaupunkipyöräilijät.

Sähköavusteiset pyörät painavat niiden tavanomaista tukevamman rakenteen, moottorin ja akun tuoman lisäpainon vuoksi yleensä 5–10 kiloa enemmän kuin perinteiset polkupyörät. Vaikka sähköavusteista pyörää ajaa niin pitkälle, että sen akku tyhjenee, matkaa voi jatkaa ilman avustustoimintoa. Polkeminen on pyörän suuremman painon vuoksi tällöin vähän tavallista raskaampaa, vaikka pyörä rullaakin normaalisti.

Saksan vakuutusyhtiöiden onnettomuustutkintakeskuksen ja Chemnitzin teknisen yliopiston 2014 tekemä tutkimus osoitti, että sähköavusteisilla pyörillä ajetaan keskimäärin vain vähän nopeampaa vauhtia kuin perinteisillä polkupyörillä. Näitä pyöriä käytetäänkin ennen kaikkea mukavuussyistä.

MITÄ MUKAAN PYÖRÄMATKALLE?

Pyörämatkailijan toiveiden mukaisia majoitusliikkeitä on Suomessa harvakseltaan, joten meillä on totuttu kuljettamaan pyörämatkalla omaa telttaa ja makuupussia. Saksassa on syrjäseuduillakin niin tiheässä pyöräilijöille sopivia majoitusliikkeitä, että leirintäalueilla yöpyminen ei ole siellä yhtä varteenotettava vaihtoehto. Sisämajoitusliikkeiden edullisen hintatason vuoksi telttailemalla ei Saksassa myöskään saavuteta merkittävää säästöä.

Tiedotusvälineissä kerrotaan usein eksoottisiin kaukomaihin suuntautuneista tai muista äärimmäisen vaativista pyöräretkistä. Monipuoliset varusteet, kuten työkalut pyörän korjaamiseksi ja vararenkaat, ovat tällaisilla matkoilla välttämättömiä. Keski-Euroopassa tilanne on toinen: omia työkaluja ja varaosia ei kannata ottaa mukaan, koska pyöräkorjaamo löytyy lähes jokaisesta kaupungista. Sitä paitsi pyörän huoltamiseen tai pikku korjauksiin tarvittavia työkaluja voi myös lainata, jos yöpyy *Bett+Bike*-majapaikassa – joita on yli 5.500 eli maan joka kolkassa.

Useimmiten pyörämatkailija yöpyy vain yhden yön samassa majapaikassa ja purkaa siten iltaisin pakkauksensa ja kiinnittää ne pyörään jälleen aamuisin. Samoin on meneteltävä päivälläkin, jos pyörän joutuu jättämään esimerkiksi ruokailun tai museokäynnin ajaksi johonkin paikkaan, jota ei koe turvalliseksi. Sivulaukut, jotka voi kiinnittää vaivattomasti ja silti tukevasti pyörän takatelineeseen ja irrottaa niistä yhtä helposti, ovat hyvä investointi. Sivulaukkuja hankittaessa kannattaa huomiota kiinnittää myös niiden vedenpitävyyteen ja heijastimiin. Tunnettuja pyörälaukkumerkkejä ovat esimerkiksi Ortlieb (www.ortlieb.com) ja Vaude (www.vaude.com).

Juomapullo, eväät, kamera, puhelin ja vastaavat esineet kulkevat mukana joko pienessä repussa tai ohjaustankoon kiinnitettävässä laukussa. Ohjaustankolaukku on hyvä valinta, jos selässä kannettava reppu tuntuu hiostavalta. Jotta ohjaustankolaukun saisi tukevasti kiinnitettyä ja nopeasti irrotettua, joutuu hankkimaan myös siihen sopivan kiinnitysjärjestelmän. Näitä valmistaa esimerkiksi Rixen & Kaul GmbH, lisätietoja: www.klickfix.de. Usein ohjaustankolaukun kansiosa on läpinäkyvää muovia, jolloin sen sisään saa pujotettua kartan, esitteen tai reittioppaan.

Saksan tärkeimmistä pyöräreiteistä ja pyörämatkailualueista on saatavana mittakaavaltaan 1:75.000, 1:50.000 ja vieläkin tarkempia karttoja. Pyöräreittikarttoja julkaistaan ennen kaikkea kierresidottuina ("Spiralo") vaakasuuntaisina kirjoina, jolloin matkan etenemistä on helppo seurata kartalta. Esimerkiksi Verlag Esterbauer GmbH -kustantamon (www.esterbauer.com) julkaisuohjelmassa on pitkälti toistasataa *bikeline*-opaskirjaa, joihin sisältyvät tarkat kartat kulloisestakin pyöräreitistä. Kaikilta Saksan alueilta on myös saatavana erityisesti pyöräilijöitä varten laadittuja karttoja. Saksan pyöräilijöiden katto-organisaatio ADFC julkaisee yhdessä Bielefelder Verlag (BVA) -kustantamon kanssa pyöräilykarttoja, joiden mittakaava on 1:150.000. Tässä karttasarjassa on yhteensä 27 erillistä karttaa, lisätietoja: www.fahrrad-buecher-karten.de.

Jos päätyy karttahankinnoissa vaakasuuntaisiin, enintään 24,5 x 12,5 cm kokoisiin karttakirjoihin, kätevä apuneuvo on edellä mainitun Rixen & Kaulin valmistama karttateline. Sen avulla edessä olevaa reittiosuutta voi seurata aina etenemisen suuntaisesti, sillä karttatelineen voi kääntää pystysuoraan asentoon, jos kartta edessä olevasta reitistä sitä edellyttää. Ilman ohjaintankolaukkua tai karttatelinettäkin voi selvitä hyvin viitoitetulla reitillä eksymättä, mutta reitin lähellä sijaitsevien nähtävyyksien, ruokapaikkojen ja majoitusliikkeiden löytämiseksi pyörämatkailijan kannattaa pitää mukanaan karttaa. Monilta alueilta on myös saatavana matkailuorganisaatioiden julkaisemia maksuttomia karttaesitteitä tai jopa tarkkoja karttoja. Maksullisten pyöräilykarttojen erittäin laajasta tarjonnasta saa käsityksen esimerkiksi postimyyntiliike www.amazon.de -sivuilta hakusanoilla "Fahrradkarten Deutschland".

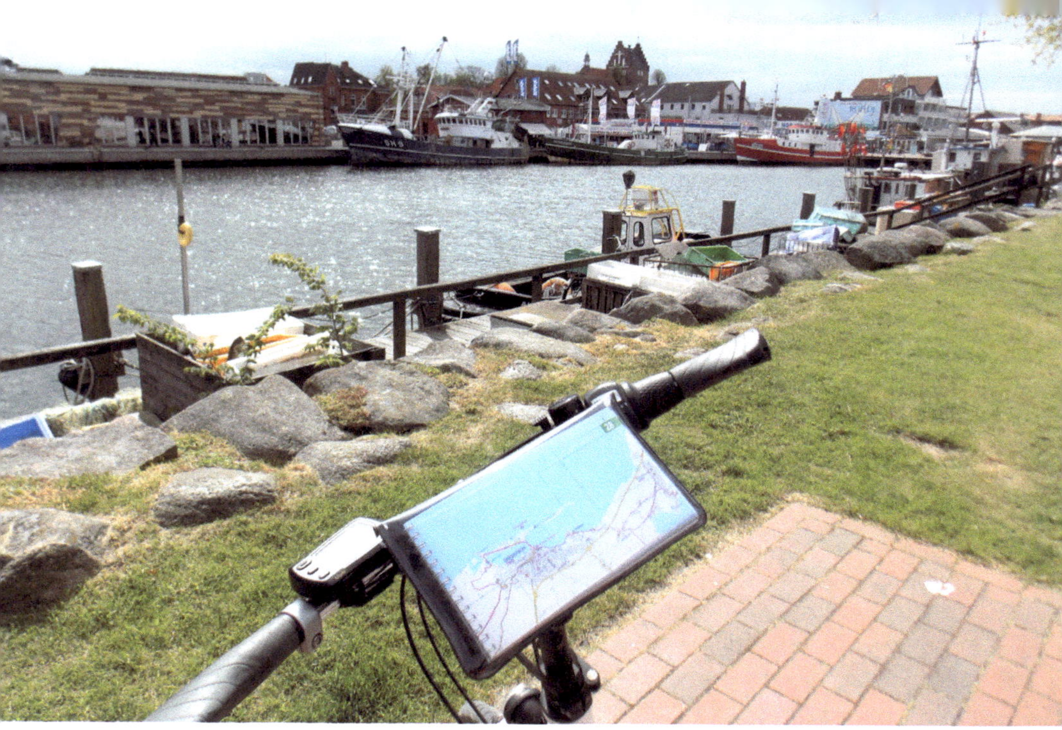

Matkan etenemistä on helppo seurata, kun karttateline on sopivassa paikassa ja kartta sopivassa mittakaavassa. Kuvan kalasatama sijaitsee Fehmarnin saaren lähellä Heiligenhafenissa.

Painettujen karttojen vaihtoehtona osa pyörämatkailijoista käyttää GPS-laitetta tai internetistä löytyviä karttoja matkapuhelimen, tabletin tai jopa kannettavan tietokoneen avulla. Jos omistaa GPS-laitteen ja on tottunut käyttämään sitä, siihen kannattaa hankkia ja ladata valmiiksi ennen lähtöä tarvittavat kartat.

Internetistä löytyy erittäin paljon Saksan pyörämatkailuun liittyviä sivustoja ja karttoja reitteineen, kuten esimerkiksi osavaltiokohtaiset "Routenplaner"-sivustot; niihinkin on viisainta syventyä jo ennen lähtöä. Jos aikoo käyttää nettiä matkansa aikana, kannattaa selvittää oman operaattorin sivuilta etukäteen, mitä tiedonsiirto maksaa ja millainen kuuluvuus kyseisellä kohdealueella on odotettavissa. Matkapuhelinten kuuluvuusalueista saa tietoja esimerkiksi sivulta http://opensignal.com/coverage-maps/Germany/. Pyöräreitit kulkevat usein harvaanasutuilla alueilla, joissa yhteyden saaminen voi olla vaikeaa.

Saksassa pyörämatkailija tarvitsee myös käteistä rahaa, sillä luotto- ja maksukorttien käyttö on siellä paljon vähäisempää kuin Suomessa. Esimerkiksi monissa pienissä majoitusliikkeissä voi maksaa ainoastaan käteisellä.

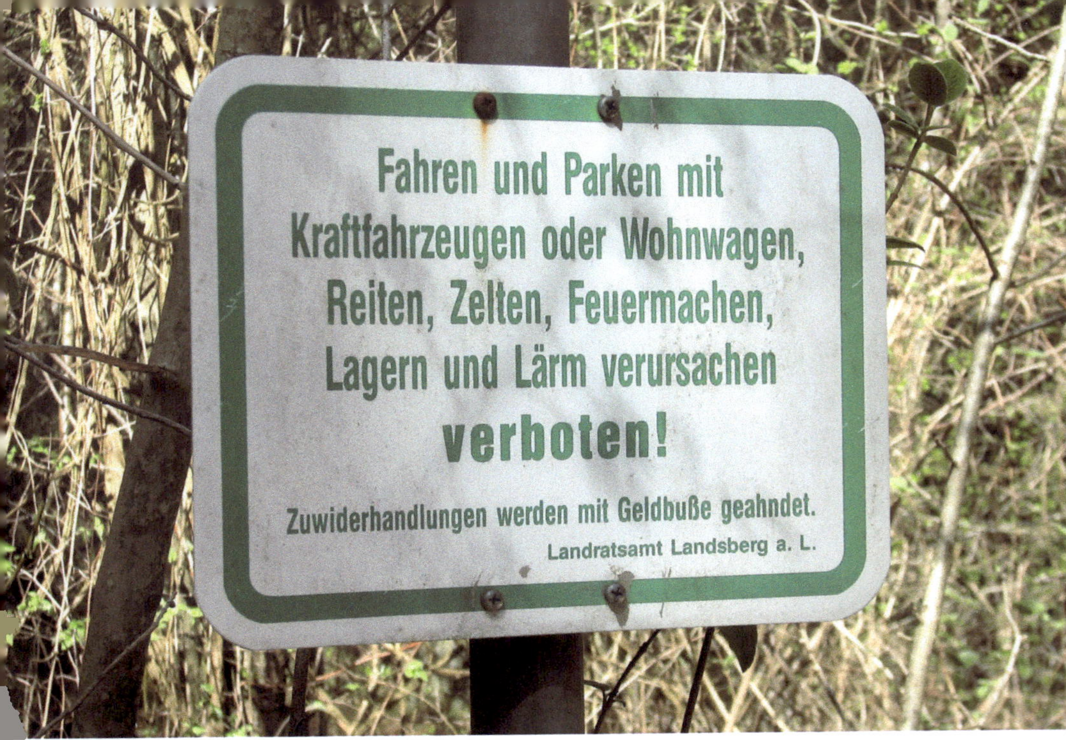

Tällä kyltillä kielletään moottoriajoneuvoilla ja asuntovaunuilla ajaminen ja niiden parkkeeraaminen, ratsastus, telttailu, tulenteko, leiriytyminen ja meluaminen. Tässä tapauksessa kieltotaulu johtuu tien molemmin puolin sijaitsevasta majaviensuojelualueesta, jonka läpi saa kuitenkin ajaa polkupyörällä.

PYÖRÄILYSANASTOA

Pyörämatkailija pärjää Saksassa mainiosti, vaikka ei puhuisi saksaa. Pyörätien varsilla näkee vain harvoin kieltoja tai muita tärkeitä tekstejä, joiden ymmärtäminen edellyttää saksan taitoa. Tämän oppaan majoitusliikkeitä ja liikennesääntöjä koskevissa luvuissa (katso sivut 18 ja 87) kerrotaan niistä pyörämatkalla tavallisimmin esiintyvistä saksankielisistä käsitteistä, joiden ymmärtäminen saattaa kuitenkin olla joissakin tilanteissa tarpeen.

Majoitus- ja ravintola-alalla työskentelevät ja muut matkailijoiden kanssa tekemisissä olevat – varsinkin nuoret – osaavat Saksassa yleensä englantia. Pyörämatkalla voi toki myös tulla asiaa pyöräkorjaamolle tai voi eksyä, jolloin neuvoa on kysyttävä, vaikka keskustelukumppani puhuisi ainoastaan saksaa. Jos käytettävissä on nettiyhteys, voi tarvittava käännös löytyä sieltä. Sen varalta, että tämä konsti ei ole käytettävissä, seuraavassa on listattu muutamia pulmatilanteissa esiintyviä pyörämatkailijan avainsanoja:

ab / biegen = kääntyä

die Abkürzung = oikaisu, lyhempi tie, reitti tms.

der Abstellplatz = "parkkeerauspaikka" pyörälle

die Akkuwechselstation = sähköavusteisten pyörien akunvaihtopaikka

die Ampel = liikennevalot

der Anhänger = perävaunu

der Ausflug = retki

befestigte Straße = päällystetty (esim. asfaltoitu) katu

die Beleuchtung = valot, pyörän valaisin

Betreten verboten = kulku kielletty

bremsen = jarruttaa

der Bremsbelag = jarrupala

das E-Rad, das Elektrorad = sähköavusteinen pyörä

der Deich = tulvavalli

die Distanz = etäisyys

der "Drahtesel" = "fillari"

die Entfernung = etäisyys

der Ersatzreifen = vararengas

die Fahrbahn = ajorata, ajotie

das Fahrrad = polkupyörä

der Fahraradanhänger = polkupyörän perävaunu

das Fahrradgeschäft = polkupyöräliike

der Fahrradhelm = pyöräilykypärä

der Fahrradladen = polkupyöräliike

der Fahrradständer = polkupyöräteline

die Fahrradtasche = polkupyörälaukku

die Fahrradwerkstatt = polkupyöräkorjaamo

die Felge = pyörän vanne

die Felgenbremse = vannejarru

der Fernradweg = pitkä pyöräreitti (Saksassa vakiintunut käsite)

forstwirtschaftlicher Verkehr frei = sallittu metsänhoitoon liittyvälle liikenteelle

der Fußgängerbereich = kävelykatu tai -vyöhyke

die Fußgängerzone = kävelykatu tai -vyöhyke

der Gang = vaihde

die Gefahr = vaara

geführte Tour = opastettu (pyörä-)matka

das Geländefahrrad = maastopyörä

gefährlich = vaarallinen

der Gepäckträger = tavarateline, "tarakka"

der Gepäcktransfer = tavaroiden kuljetus

die Gepäcktasche = (tavara)laukku

geradeaus = suoraan

die Gleisquerung = radan ylitys

das GPS-Gerät = gps-laite

die Handbremse = käsijarru

die Hauptrichtung = pää(kulku)suunta

der Helm = (pyöräily-)kypärä

die Innenstadt = keskusta, keskikaupunki

das "Katzenauge" = "kissansilmä"

kein Winterdienst = ei hoideta (ajeta lunta, hiekoiteta) talvella

die Kette = ketju

der Klingel = soittokello

landwirtschaftlicher Verkehr frei = sallittu maatalousajoneuvoille

das Leihfahrrad (das Leihrad) = vuokrapyörä

der Lenker = ohjaustanko

die Lenkertasche = ohjaintankolaukku

links = vasemmalle

m Luftdruck = ilmanpaine

das Mountainbike = maastopyörä

die Nabenschaltung = napavaihde

n Navigationsgerät = navigointilaite

die Panne = häiriö, vika

die Pannenhilfe = apu ongelmatilanteissa

der Pannenschutz = (renkaiden) pistosuojaus

parallell = samansuuntainen

die Pedale = pedaali

der Pedaltreter = pyöräilijä (leikillisesti)

der "Plattfuss" = puhjennut rengas

die Pumpe = pumppu

das Rad = pyörä

der Radabteil = pyörävaunu, -osasto (junassa)

das Radeln = pyöräily, ajo pyörällä

Rad fahren = ajaa polkupyörällä

der Radfahrer = polkupyöräilijä

der Radfahrerstreifen = polkupyöräkaista

Radfahrer absteigen! = "nouskaa pyörältä!" (=kehotus taluttaa)

die Radgarage = polkupyörätalli

der Radroutenplaner = pyöräreittien suunnittelusivusto (netissä)

die Radrundtour = pyöräilylenkki, -kierros

der Radstand = pyöräteline

der Radurlaub = pyöräilyloma

der Radverkehr = polkupyöräliikenne

der Radwanderweg = pyörätie, -reitti

der Radwanderer = pyöräretkeilijä

Radwandern ohne Gepäck = pyörämatkailu ilman matkatavaroita

der Radweg = pyörätie

das Radwegenetz = pyörätieverkosto

der Rahmen = (pyörän) runko

der Reifen = rengas

rechts = oikealle

der Reflektor = heijastin

die Reichweite = ulottuvuus, saavutettavissa oleva etäisyys

der Reifen = rengas

der Reifendruck = rengaspaine

die Route = reitti

der Rucksack = reppu

das Rücklicht = takavalo

der Rückspiegel = taustapeili

der Rücktransfer = paluukuljetus

die Rücktrittbremse = jalkajarru

der Rundkurs = kiertoreitti, ympyrälenkki (paluu takaisin lähtöpaikalle)

der Sattel = satula

die Scheibenbremse = levyjarru

der Scheinwerfer = valonheittäjä

schieben = taluttaa

die Schiebehilfe = talutusapu (apuneuvo sähköavusteisissa pyörissä)

die Schienentrasse = ratapenger, -penkka, -valli

der Schlauch = sisärengas

schmieren = rasvata, öljytä

die Schutzhütte = sadesuojaksi tms. tarkoitettu maja tai katos

die Speiche = pyörän (vanteen) pinna

der Stadtplan = kaupungin kartta

die Steckdose = pistorasia

die Straße = katu

der Strandzugang = (meren) rannalle johtava polku tai tie

strampeln = polkea

die Steigung = nousu

die Strecke = reittiosuus, taival

die Streckenbeschreibung = reittiselostus

die Streckentour = yhteen suuntaan pyöräiltävä reitti (ympyräreitin vastakohtana)

stürzen = kaatua

die Sturzgefahr = kaatumisvaara

der Sturzhelm = pyöräilykypärä

die Tour = (pyörä-)matka

n Tourenrad = retkipyörä

überholen = ohittaa

um/drehen = kääntyä

die Umleitung = kiertotie

der Unterstand = laavu tms. maja

die Verleihstation = (pyörän-)vuokrauspiste, -asema

sich verfahren = eksyä

Vorsicht! = varoitus!

der Weg = tie

der Wegweiser = viitta, opaste

wenden = kääntyä

der Wurzelschaden = puun juurien aiheuttama vaurio (pyörätiellä)

ölen = öljytä

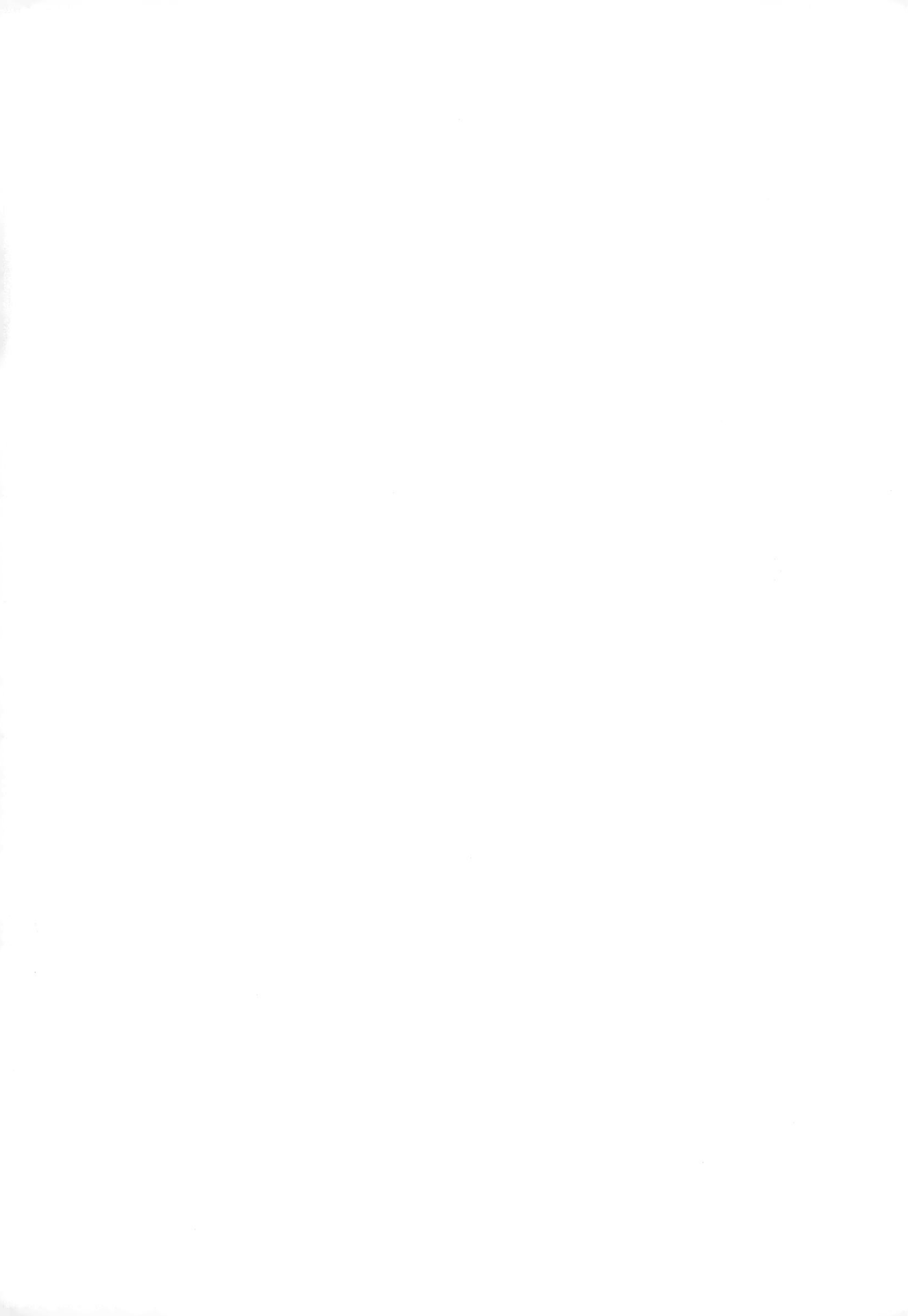